河合ブックレット　36

河合文化教育研究所

新たなグローバリゼーションの時代を生きて

太田昌国

JN313943

もくじ

新たなグローバリゼーションの時代を生きて

新たなグローバリゼーションの時代を生きて

一、松本清張は『黒地の絵』で、グローバリゼーションの一時代の形を描いた

太田です。小倉に来たのは三回目で、そのうち二回はこうして河合塾の北九州校と福岡校で話をするように招かれたものです。

自分の意思で旅行するときも、あるいは今回のように講演などの機会で招かれるときも、訪れる土地についてある程度は知って出かけたいといつも思っています。全部を知ろうとしても無理ですので、いくつかのヒントが得られるといいなと思って何かを調べたりするのですが、今回小倉へ来る前には、新しく何かを調べるというのではなく、いくつかの小説を改めて読んできました。

松本清張の作品です。小倉出身のこの作家は、今年（二〇〇九年）がちょうど「生誕百年」ということで改めて注目を浴びて、新装本が出たり、その作品がテレビ・ドラマ化されたりしています。あまりにも多作な人だったので、僕はもちろん、すべての作品を読んでいるわけではありませんが、読んで印象に残ったり、推理小説の場合は面白く読んだりしたものはたくさんあります。今回再読してきたのは『或る「小倉日記」伝』という作品がひとつ目です。これは芥川賞を受賞した作品ですが、作家・森鷗外がこの小倉に住んでいた頃の、失われたのかもしれない日記をめぐる物語です。鷗外は

軍医でもあって、一八九九年からの三年間在小倉師団の軍医部長として小倉に暮します。その頃の日記が残っていないかと探す、孤独な青年の物語です。

ふたつ目は『黒地の絵』。これも短編で、今も新潮文庫に入っており、このタイトルでいくつかの短編といっしょに新本で手に入ります。これは最初に謎解きをしてしまうと、「黒地」というのは黒人の肌の色を指している。「絵」というのはその身体に刻まれた刺青の絵をいう。なぜ、このタイトルなのか。これは僕が若い頃に読んで、強く印象に残っているというか、気になっている作品の一つです。

ごく簡単に言うと、一九五〇年から五三年にかけて朝鮮半島で非常に悲劇的な戦争、つまり朝鮮戦争がありました。一九五〇年というのは一九四五年の日本の敗戦から五年経った段階ですから、日本が戦争に敗北して日本の植民地であった朝鮮が解放されてからわずか五年目の年です。三十六年間に及んだ日本の植民地支配からようやく解放された朝鮮は、その一九四五年から五〇年にかけての間に、つまり、当時の第二次大戦後の国際関係の中で、米国とソ連の対立構造の中に巻き込まれました。一九九〇年前後に生まれている皆さんは、現在のロシアが「ソ連」と呼ばれる社会主義連邦共和国であった時代を、現実には知らないわけですね。ソ連邦体制は一九九一年末に崩壊しましたから。しかし、世界大戦終了後の四五年からソ連が崩壊した九〇年前後までの四十五年間というもの、全世界は、何かにつけては、資本主義体制を代表する米国と、社会主義体制を代表するソ連との間の、厳しい対立によって分断されていました。全面戦争にまではいかない対立、これを「冷たい戦争」すなわち「冷戦」と呼んでいました。この時期が持つ意味については、あとで詳しく触れます。

さて、米ソ対立構造の典型的な現われ方となったのが、日本から解放されたばかりの朝鮮半島だったのです。一九四八年に、北の朝鮮民主主義人民共和国と南の大韓民国のふたつに分かれてしまうわけです。今日は主要なテーマが異なるので、詳しく触れる時間がありませんが、この過程には、日本の責任問題を含めて重要なことがらが孕まれていますから、自力で勉強してみてください。その二つの国の関係は、「冷戦」に終わることがなかった。一九五〇年から五三年にかけて、実際に戦争が行なわれたわけです。一九五三年に休戦協定を結んで一応戦争はやめたのですが、それから五十六年経ったいまでもまだ休戦協定のままですから、実際にいつ戦争が改めて勃発してもおかしくはない、そういう不安定なところですね。朝鮮の南と北は、そのような関係にあるわけです。

この当時は、戦争に負けた日本は、米軍の占領下にあった頃です。いま、皆さんは、イラクという国が米軍の占領下にある現実を目撃していますね。戦争に負けた国が、勝利した国に軍事的に占領されるという事態は、こうして、世界ではまま起こることです。占領軍はいずれは撤退しますが、敗戦国に軍事基地は残しますから、軍事的機能は継続されます。現在のイラクの姿に六十五年前の日本、そして米軍基地が維持されているという点では現在の日本、とりわけ基地が集中している沖縄を重ね合わせてみるということには、重要な意味があるでしょう。さて、本題に戻りますが、南北間で戦われた朝鮮戦争に、アメリカ軍は南の大韓民国を支援して、国連軍の名で大量の軍隊を派遣したわけですね。小倉にも米軍の駐屯基地がありました。これから朝鮮半島に出兵するという兵士たちが一時的に駐屯する基地があったわけです。今でも小倉では、七月に祇園祭ってありますよね。この祭りを背景に、『黒地の絵』の物語は展開します。黒人兵たちが朝鮮戦争のためにアメリカから大量に動員されていたのですが、小倉の駐屯地で、夜、夏の蒸し暑い夜、お祭りの太鼓の音が聞こえてくる。どんどこ、どん、どん、どんどこ、どん、どん、と。それでその太鼓の音に、精神というか心というか、むしろ身体というべきか、それが刺激されて、黒人兵がその駐屯地を抜け出す。抜け出してそこから市内に出て行く。そういうことをきっかけにして起こる悲劇を描いた短編が、この『黒地の絵』です。

なぜこれが気にかかっているかというと、いろいろな問題がこの小説からは読み取れるのです。その多義性の魅力です。つまり黒人、アメリカ合衆国に黒人が非常にたくさん住んでいるというのはみなさんも当たり前の知識として持っていると思いますけれども、その黒人兵たち、朝鮮戦争に動員された黒人兵たちが、オリエント＝東洋に位置する日本の夏祭りの太鼓の音を聞いて体内のリズム感をいたく刺激される。これはもちろん、彼らの先祖はアフリカの人ですから、アフリカにもいろいろな楽器があるけれども、ドラムの役割というのは黒人文化の中で非常に重要な役割を果たしています。そういう音が、非常に身近なものとして、心の高揚感を感じる。そういうリズム感が、彼らの体内には脈々と流れているわけです。黒人奴隷が西アフリカから大量に連れ去られたのは一五〇〇年代から一八〇〇年代にかけての遠い昔ですけれども、朝鮮戦争の一九五〇年という時期に、その末裔たちはそのような心の動きというか身体の動きを持っている——というところに、松本清張が着目して、現実に起こった事件をある程度フィクション化してそういうことを書いたというところが非常に印象的だったわけです。

あとで、グローバリゼーションの問題と絡めて言いますけれども、日本で占領軍として機能していた米軍が朝鮮に派遣する中に黒人兵がいるということで、さきほど触れた奴隷制度、数世紀前の奴隷制度問題に繋がっていくわけです。さらに言えば、米国で公民権運動、すなわち徹底して差別されてきた黒人が白人と同じ権利を要求する激しい運動が起きるのは一九六〇年代半ばになってからですから、五〇年代初頭の朝鮮戦争に動員された黒人兵たちは、まだひどい差別を受けていた時代です。小倉祇園祭のときの黒人兵の行動の背景として考えるべき歴史的な問題は、こんなにも広がりをもっているのです。

二、ガルシア＝マルケスもコロンビアで、グローバルな朝鮮戦争がもたらした結果を描いた

朝鮮戦争の問題に関わってもう一人の例をあげます。南米のコロンビアに、ガブリエル・ガルシア＝マルケスという、一九八二年にノーベル文学賞を受賞した作家がいます。『百年の孤独』という作品で知られていますが、非常に有名な、現役の作家としては多くの人がもっとも薦める作品を書いている一人です。僕も好きな作家のひとりです。一九二八年生まれの彼は、一九五〇年代にコロンビアの

新聞社でジャーナリストとして働いていました。彼は、コロンビアから朝鮮戦争に派遣された帰還兵のことをいくつかの記事の中で書いています。後年あまりにも優れた作家になったので、無名のジャーナリスト時代に書いた新聞記事まで、スペイン語では何冊もの本にまとめられているのです。コロンビアの片田舎で起こった、社会面に載るような新聞記事が、何十年も経ってから外国人が読んでも、それこそ「読ませる」のです。不思議というか、おもしろいでしょう？

さて、南米のコロンビアというのは当時、アメリカ合衆国の圧倒的な影響下にあったわけです。アメリカ合衆国は朝鮮戦争に自分の国の兵を出すときに、自分の国が遥か遠いアジアの朝鮮に出兵するんだ、アメリカ兵を出すんだということで、自分たちだけが孤立して戦うことがないように、合衆国の影響力が及ぶ国に、「おまえたちも参加しろ」と呼びかけるわけですね。現在、アフガニスタンやイラクに対して行なっている戦争の時に合衆国がしているのと同じように、当時もいろいろな国に呼びかけをした。米国ひとりの孤立した戦争にしないように、国家としての影響力を行使するわけです。当時のコロンビア政府はその呼びかけに応えて、コロンビア兵を何千人も朝鮮半島に出兵させたわけです。

そうすると、ガルシア＝マルケスという新聞記者は、その兵士たちが戦場から帰ってからどんなふうにコロンビア国内で迎えられたかということを書くわけですね。当時のコロンビアの平均的な人びとの収入からすれば、彼らは戦争に行くことによって本当に信じがたいくらいの高給を得た。これはイラクやアフガニスタンの戦争でもよく言われていることです。合衆国で食えなくなった若い人たちが戦争に行けば、外国人であれば市民権を得られるかもしれない、大学などの奨学金も社会保険も保証される、そういうことでいわば食い詰めてお金のために戦争に行くという現実が今もあるわけです。この一九五〇年代にも、コロンビアから朝鮮戦争に行った人たちにもそういうことがあった。もちろん戦争で亡くなった人もいました。負傷した人もいる。あるいは戦場で見た惨劇、自分が行なった殺戮行為、それに耐えかねて精神を病んだ人たちもいる。わけても印象的なことは、コロンビアから戦場に赴いた貧しい若者にとっては、米軍が供給する日々の食事のボリュームは驚くほどのものであった、というエピソードです。マルケスはそのように、さまざまな経験を積んだ人たちのことを書いているわけです。

そうすると、これから話すグローバリゼーションというのは、たとえば一九五〇年から五三年にかけての朝鮮戦争の時にいったいどんなふうに現われていたのか、ということですね。二十一世紀初頭の現在のあり方とは確かに違うかもしれないけれども、しかしアジアの一地域である朝鮮の戦争にアメリカから黒人兵がやって来たり、南米のコロンビアからも兵士が来たり、もちろん他の世界の各国からも来ているということで、一九五〇年代なりの形での、戦争を通してのグローバリゼーションと呼ぶべき現象はあったのです。さらに米軍は日本にある米軍基地を徹底的に活用して、朝鮮半島に対する爆撃を行なった。朝鮮戦争ひとつをとっても、そういうふうに思いがけない規模で世界が結びついた上で、いろいろなことが行なわれているわけです。

戦争は、もちろん「なくなる」に越したことはない。主体的には「なくせる」ですね。しかし、そういう悲劇的なものがなぜこれだけ世界的な規模ですぐつながって、そこに各国がみんな戦力を集中するのか。この問題を考えていくことが、グローバリゼーションということがいったいどういうことであるのか、ということを考える上で非常に重要な問題になるわけです。これから話すグローバリゼーションというのは、みなさんにとってまだ実感としては遠いところにあることかもしれないけれども、それぞれの時代の中ではっきりとした形でひとつひとつの時代なりの世界的な結びつきの中でさまざまな行為が行なわれていくのだということを、しっかりと頭に入れておいたら、これからいろいろな事態にぶつかったときにものを見る目が豊かになっていくのではないか。そう思います。

ですから、少しでも関心がかき立てられた人は、清張の『黒地の絵』やマルケスの新聞記者時代の記事を、まあ二、三時間もあれば十分読めると思いますけれども、それを読んで、フィクション、小説、さらには新聞記事として描かれたことからいったいどんな想像力をもってその作品を広げていくことができるかを考えてみてください。作家はとりあえず自分が思う形で完結させて描くわけだけれども、それを読者が受け止めて、そのままの枠で受け取るのも読者次第だし、もう少しいろいろなことと関連づけて世界を思い切り広げてみる、そこからいろいろな問題を取り出してみるというのも読者の責任というか、やり方次第ではできるわけですね。ですから、この作品に限らず、ぜひそんな読み方をして物事を考えてみてはどうかと思います。(注一)

(注1)ガブリエル・ガルシア＝マルケス『ジャーナリズム作品集』(現代企画室、一九九一年)

三、それにしても、グローバリゼーションという言葉の由来は何だろうか

　さて、説明もなく使ってきたグローバリゼーションという言葉ですが、まず、なぜこの言葉が生まれたのか、いつだったのか、なぜこのグローバリゼーションを取り上げるかということを考えたいと思います。globe というのは「地球」とか「球」、「球体」ですね、それを示す英語の名詞です。これが形容詞になって global という、「地球全体の」、「球形の」という単語になるわけです。これを globalize というふうに動詞化して、それをさらに -tion をつけて globalization という新しい名詞が出来上がったわけです。これは、それほど長いこと認知されてきた言葉では必ずしもないです。globe や global はもちろんもともとありますけれども、globalization という言葉自体はいまでも、載っている辞書はそんなにないのではないでしょうか。いまのように頻繁に使われるようになったのは、ごく最近のことです。

　ごく最近のことというのは、具体的にどの時期のことを指すかというと、一九八九年から九一年、その頃から使われるようになった言葉だと考えていいと思います。先ほども少しだけ触れましたが、一九八九年というのは、ハンガリーとかポーランドとかチェコスロバキアなど、東ヨーロッパにたくさんソ連と同じ社会主義と称している国々の体制がありましたが、その国々の共産党や労働党の一党

独裁体制が崩壊し始めた年です。九一年というのはその中心にあったソ連邦が、これは十二月ですが、最終的に社会主義連邦としての生命を終えた年です。ソ連から現在のロシアになって、ソ連に属していた中央アジアの国々がどんどん独立して、今の限定的なロシアになっていくそのきっかけです。この八九年から九一年にかけて社会主義体制が崩壊していった――この頃をきっかけにしてグローバリゼーションという言葉が使われるようになったわけです。

それはどういうことか。第二次世界大戦は、ごく簡単に言ってしまうと、米英などの連合国と日独伊のファシズム枢軸国との戦いでした。日本の場合には、それ以前の段階で、他の諸国を植民地化したり侵略戦争を仕掛けたりしていて、広くアジア諸地域から南太平洋に至る支配権を確立していましたから、対米戦争の局面だけで捉えると、歴史認識上の重大な歪みが生まれます。そのことを心に留めたうえで、世界規模で考えると、一九四三年にまずイタリアのファシズムが敗北し、続いて四五年になるとドイツのヒットラー・ナチスが敗北し、最後に日本の軍国主義が敗北して、この戦争は終わるわけですね。この三つのファシズム体制を打倒するための戦いのうえでは、資本主義国であるアメリカ合衆国と社会主義国であるソ連は共同戦線を張りました。しかしイタリア、ドイツ、日本のファシズム三国が敗北して、いざ新しい世界再編の時代が来て第二次大戦後の世界が始まると、アメリカ合衆国とソ連はそのイデオロギー的な違いを背景にして非常に鋭く対立する時代になっていくわけです。先ほども使った「冷戦の時代」、「冷たい戦争」という言葉を思い起こしてください。実際の戦争まではいっていないけれどもお互いに猜疑心、敵対心を持って冷たい戦争が行なわれている、そういう時代がずっと続くわけです。資本主義と社会主義の争いというような形になるわけですね。

　その社会主義革命を世界に先駆けて行なったソ連は、一九一七年がロシア革命の年ですから、まさに二十世紀の初頭に始まって、世紀末の九一年に終る。七十四年間でソ連の社会主義の実験というか試みは敗北してしまったわけですね。そうすると、それはアメリカ的な価値観で言えばどういうことになったかというと、あの悪魔のような社会主義ソ連は敗北した、ざまあみろということになるわけです。やはり社会主義的なあり方というのは、経済社会のあり方も政治制度も人間の欲望に叶っていなかった、たくさんの無理があった、その無理が高じて、とうとうソ連・東ヨーロッパの社会主義圏はすべて崩壊したと解釈するわけです。つまり、人間が生きるに相応しい社会システムは資本主義であることが証明されたのだ、というのです。それが当時のアメリカ合衆国大統領であった父親のブッシュが、一九九〇年から九一年の段階で言ったことです。

　それで、一番大きな社会主義国を崩壊させて有頂天になったブッシュは、もう残るはキューバだけだと思ったわけです。キューバは、アメリカの目の前にある、カリブ海のなかの社会主義国です。ブッシュは、キューバの指導者であるフィデル・カストロたちの社会主義体制を倒すことができれば、本当に世界は「資本主義万々歳！」で統合されると思ったわけです。米国は革命後のキューバに対して、政治的・経済的・軍事的に徹底して締め上げた。革命によってそれまで米国が享受してきた権益が取り上げられ、あろうことかソ連と同じ社会主義の道を歩み始めたからです。キューバは、小さな島国でありながら、しかも米国の目と鼻の先にありながら、半世紀のあいだ潰されもせずに果敢に自らの道を歩んだ。それだけに、歴代米国政府がキューバ革命に対してもつ憎悪はとてつもないものだったのです。そういう価値観の中で、グローバリゼーションという言葉が使われ始めたわけですね。

つまり地球、これは球形ですね。この地球全体が今までは社会主義と資本主義という二つの体制に分かれて、いがみあっていた。しかし社会主義体制が倒れることによって、この球体はまさしくひとつになった。つまり市場経済という名のひとつの原理によって世界が統合された。そういうことを意味する言葉として使われ始めたというのが、グローバリゼーションという言葉の発端です。「全球化」とか「全地球化」とか表現しても座りがわるく、日本語になりにくい言葉なので、グローバリゼーションという英語がそのまま使われていることになるわけです。

これは全球、地球がまったくひとつのものになったという言い方もできるだろうし、あるいはもう少し内容的に汲み取れば、資本主義を是とする、絶対是とする考え方によって世界全体が飲み込まれたということもできる。立場によっていくつかの噛み砕き方があるだろうと思います。とりあえずグローバリゼーションというのは、このような状況の中で生まれた言葉だということを覚えておいてください。まさに一九九〇年代に使われ始めて、そして現在に至っている。ですから使われ始めてからまだ二十年も経っていない。そういう言葉です。ですから、まだまだ解釈の余地のある言葉であると思います。

四、コロンブスの航海こそ、グローバリゼーションの先駆けだった

では、世界は、なぜ突如一九九〇年代、二十世紀末になってひとつの原理でまとまっていこうという、そういう衝動にかられたのか、という問題があります。これは、歴史上、初めての事態だったのだろうか。その点について、歴史的に遡って考えたいと思います。グローバリゼーションという言葉は使われなかったが、現象としては同じことを意味するものが過去になかったか。僕の考えでは、このような世界大の動きが急速なスピードと規模で世界に浸透していくときには、大きなきっかけになる事件というものが必ずあるので、それを頭に入れておいて、その上でその後の歴史を考えるとわかりやすいと思うのです。それはどういうことかというと、十五世紀末の事件ですね。現在から五世紀くらい遡ります。

一四九二年、何の年だかわかりますか。コロンブスのアメリカ大陸到達の年です。僕の高校時代には、「地理上の発見」とか「大航海時代」というふうに言われていました。「コロンブスのアメリカ大陸発見」という言葉もまだ生きていた頃です。英語では、能動形と受動形の例文は、例外なく、次のようなものでした。

Columbus discovered America.「コロンブスがアメリカを発見した」

America was discovered by Columbus.「アメリカはコロンブスによって発見された」

これがどうしてグローバリゼーションの先駆けかというと、コロンブスはご存じの通り、イタリアのジェノヴァの出身の人間ですが、イベリア半島のスペイン女王の経済的な援助を受けて航海に出たわけですね。

当時のヨーロッパからすれば、船舶の技術からすると、航海とは、ポルトガルやスペインのあるイベリア半島沖をつたいながらアフリカ沿岸を船で進む。アフリカ大陸の先端の喜望峰までは行けないけれどもアフリカの中部くらい、西アフリカくらいまでは航海できるくらいの船の技術ができていた段階です。ですからそのあたりの旅行記は当時から残っている。陸づたいの航海ですね。常に左側にアフリカ大陸が見える、だから安心だというそういう航海です。つまりイベリア半島があって、ポルトガルの国、港から出て、アフリカ沖をずっと陸地を見ながら行く、そういう航海は可能だったのです。

ところが、こういう陸地伝いでなく、コロンブスのように陸の見えない海に出ていく航海というのは、当時のヨーロッパ人の中では大冒険だったわけです。ヨーロッパの他にもどこかに陸地があるだろう、ジパングがあるだろう、あるいはインド、中国、そうした地域があるだろう、あるらしいということはわかっているけれども、どれくらいの航海を続けたらそこへ行きつくのかがわからなかった。だからコロンブスの航海というのは、それをやったわけですから、ヨーロッパの歴史の中では大冒険として称えられるわけです。ところがコロンブスが行き着いたのはジパングでもなければ中国でもなければインドでもなくて、ヨーロッパ人にとっては未知の大陸である、その後の命名によればアメリカ大陸だったわけですね。そうすると、ヨーロッパは今まで自分たちの世界観には存在しなかったアメリカ大陸というものを、彼らからすれば発見したわけです。そして、やがてアメリカ大陸の陸地を通って、いまでいう太平洋側へ出て、それからさらに太平洋の航海を続けて、日本やフィリピンや中国やインドに、――マルコポーロはその一部の地域に、十三世紀後半に陸路で行って、『東方見聞録』で報告していたわけですが――ようやくたどり着くということになるわけですね。

その時に人間の意識の中で、世界がようやくいまあるような形でひとつになったわけです。それで、ヨーロッパの国々が、征服者であったり植民者として、一方的にアメリカ大陸に押しかけてきたわけですね。そしてそこに住んでいる先住民の人、北米であればインディアンとその後呼ばれるようになる人びと、スペインが長いこと支配しますからインディオというふうに総称されることになるわけですけれども、その人たちを異教徒だということで次々と虐殺してしまう。あるいは奴隷化してしまう。あるいは強制労働につかせる。そして女性たちに対しては、最初に出かけていったのは男が多いですから、集団的に強姦を行なってしまう。そういうことで最初の「出会い方」というのが、強制的になされてしまうわけです。

アメリカ大陸にはたくさんの鉱山がありました。いまのメキシコのあたり、それから現在のペルーからボリビアにかけて、南米大陸の中央部ですね。太平洋岸から中央部にかけてそこでの鉱山採掘労働を開始し、加えて亜熱帯、熱帯地域が多いからそこでのプランテーション経営にも着手して、ヨーロッパでは産出しないものを彼らはどんどん自分たちの地域、ヨーロッパに運び去るわけですね。ですからこの時代、いままである程度ひとつひとつのブロック、地域でいろいろなことが行なわれていたけれども、世界をひとつにしてそのようなことが行なわれ始めたのは、まさにこの十五世紀末のコロンブスの大航海時代以来なのです。

ですから、グローバリゼーションというのは、この時代にそういう形で始まったのだと捉えられます。そうすると、アメリカ大陸から持ち運び去った鉱物資源などが、ヨーロッパにおけるその後の資本主義の発展、つまり中世から抜け出ていく上での経済的な躍動を支える大きなきっかけになったわけですから、それは非常に大きな意味を持ったことになります。そういう繋がりの中でできあがってしまった関係、それがグローバリゼーションの、決定的とも言える最初の姿であり形であった。それを基盤に、ヨーロッパは世界に先駆けて資本主義を発展させていくわけです。世界的な規模で作用する力とは、すさまじいものですね。勝者と敗者をこんなにもはっきりと分け隔ててしまうのです。

最初は北ヨーロッパが先行しますから、イギリスとかオランダとかそうした北部ヨーロッパの国々で最も活発に資本主義的な発展を遂げていく。そのとき、最初に戻りますが、たとえばアフリカの奴隷を強制連行するというようなこともだんだんと行なわれていくようになるわけです。十六世紀、十七世紀、十八世紀と。アメリカ大陸でどのようにプランテーション労働を支えるかという問題に植民者たちが直面したときに、彼らは、大航海時代以前から知っているアフリカの、あの黒人たちが屈強そうである、身体的に頑丈そうだと、あの黒人の若い男たちを連れて行けばいいんだと考える。それで、有無を言わせず彼らを奴隷としてアメリカ大陸に連れて行くわけです。その末裔が、先ほど言った朝鮮戦争に動員されるアメリカの黒人兵であるわけですから、そういう繋がり方をしていくわけです。

もう一言付け加えておくと、たとえば先ほど言ったようにイギリスは世界最初の産業革命を行なって非常に先進的な資本主義の発展をいち早く成就しました。それで世界の七つの海を制覇したといわれるくらいに海軍力を発展させることによって、世界のいろいろなところに植民地を作り、アメリカ合衆国が台頭する以前にはもっとも豊かな社会を作り上げていたわけですね。では、そのイギリスの産業革命を成し遂げるきっかけになったものはなにかといえば、もっとも顕著なものとしては、ジェームズ・ワットの蒸気機関の発明というのがあります。そのワットがあれだけお金が必要な発明をどうやってやりとげたのか、いったい経済的な基盤は何によって支えられているのか、ということを調べた黒人の学者がいます。一時期イギリスの植民地であった、カリブ海のトリニダード＝トバゴという国の歴史家で、のちに政治家となって首相を務めたこともあったエリック・ウィリアムズという人です。彼はロンドンに留学していろいろ調べていったわけです。そして、ジェームズ・ワットの研究費を出していたのは奴隷貿易によって巨万の富を得たイギリスのある商会であったと、そういうことが裏付けられるんですね。（注2）

（注2）エリック・ウィリアムズ『資本主義と奴隷制』（理論社、一九六八年）

そうすると、一見社会・経済的な関係は何らないような、単に技術的になされているかに見えるある科学技術の発明とか発展とかということも、実はその人が生きているその時代の中での社会・経済関係の中で規定されているんだということがわかってくる。そういうふうに見えてきたときに、歴史というのは単純な見え方をするのではなくて、もっと複合的で重層的に見えてくる。そういう構造の中で捉えなければ、本当は見るべきものは見えてこないんだということがわかるわけです。

グローバリゼーションという現象は、あとで現代に戻りますけれども、歴史的な起点としては十五世紀末のコロンブスの「アメリカ大陸発見」に代表される大航海時代にあるということを覚えておいてほしいと思います。ある地域のある特定な人間たちが、一方的にある場所を「発見」したと言って、そこの土地を自分たちのものにしてしまった。そこの資源を自分たちの国に運んでしまった。そういう不幸な一方的な関係のあり方から、最初のグローバリゼーションが起こったということを頭に入れておいてほしいと思います。

グローバリゼーションというのは、お互いが納得して、これが一番いいねと言って決め、相互の了解の下で作られるひとつの世界の仕組みでは決してなくて、強い力をふるうものが、圧倒的に抵抗力のない者たちに対してふるう力であるかもしれない、ということを最初に頭に入れた上で、この後のことを聞いてほしいと思います。

五、チェ・ゲバラを媒介に　グローバリゼーションの問題に向き合ってみよう

　今日、これから話していく現代的なグローバリゼーションの問題を考える上で、二十世紀のさまざまな社会革命の中できわめてユニークな思想と活動の担い手であったエルネスト・チェ・ゲバラという人物を媒介にして考えていきたいと思います。アルゼンチンに生まれ、キューバ革命を勝利に導いた一人でありながら、そこを離れて一九六七年にボリビアで殺された革命家であるゲバラと対話したいと思います。さきほど言ったように、現代的なグローバリゼーションは、社会主義が敗北した上にこの二十年間ちかく「勝利の歌」を謳歌しているひとつの体制です。ですから、強靭な確信を持った社会主義者であったゲバラが、いまの時代を見たら、社会主義敗北の現実の上に栄華を誇るグローバリゼーションのこの時代を見たら、どのように考えるのか、そういう問題として、僕が頭の中で空想することを、後半はいくつか交えながら話してみたいと思います。今日の話はそういう形のテーマ設定です。

　さて、グローバリゼーションというのは、いま言ったように、それぞれの時代にさまざまな形で現れる、そのときどきの世界性というものがあると思います。それと現代のグローバリゼーション、先

ほどから話しているように、一九九〇年前後から世界を覆いつくしているグローバリゼーションというのは、いったいどこがどういうふうに違うのかということを考えていきたいと思います。

グローバリゼーションというのは、物が行き交う、人が行き交う、情報が行き交う、それから現代的なグローバリゼーションの場合は、もちろん金融の問題がありますから、金融、電子マネーが行き交う。そういう時代になっている。最近で言えば新型インフルエンザ・ウイルスまで行き交う。それが今までとは考えられないような規模とスピードで行き交っている時代である、と考えることができると思います。しかもこの物とか人がどのように行き交うのかということですね。対等の立場で行き交っているのか、お互い六十数億の人間は個人を越え、国境を越え、対等の立場で出会っているのか。経済的な格差がその中でどういう作用をしているのか、ということですね。

つまり、グローバリゼーション、地球上がひとつの体制になってひとつのまとまりを成しているというふうに考えるとすれば、そのまとまりを成すためには、異なった民族、異なった国家が対等な立場で出会うのでなければまっとうな形にはならない。そうでないなら、この球形というものはものすごくいびつな形になってしまいますね。互いに対等に出会えるかどうか、その問題を考えるのが、歴史の中のグローバリゼーションを考える上でもっとも重要な鍵になると思います。

速度の問題についてもひとつだけ触れておきたいのですが、僕はまだ携帯電話というものを使っていない人間です。おそらくみなさんの多くはもう持っていますよね。この携帯電話ひとつで、あるいはコンピューターひとつで、人の時間感覚というものが大きく変わっていくと思います。もう携帯電話があるのが当たり前であるという時代に育ちつつあるみなさんとか、これから生まれてくる人たちが持つ時間感覚というのは、僕が持っている時間感覚とは大きくずれてくるだろう。そういう、ひたすらスピードを求めるこのコンピューター世界のあり方が、人間の時間感覚や精神世界にいったいどういう結果に導いていくか、というか作用をもたらすかというのも未知の問題です。だから現代のグローバリゼーションというのは、いろいろな意味で人間がまだ経験していない未知の領域に入りつつある、そういうことだと思うんですね。別に特に怖がらせるために言うのではなくて、かえって面白さがあるかもしれない、刺激があるかもしれない。どうやってそれに呑み込まれないでうまく活用するのかということを頭に置いた上で、これからの話をすすめていきたいなと思います。

さて、さきほどから触れているように、ソ連の崩壊によってアメリカを先頭とする資本主義社会が勝利したというふうに、資本主義社会の担い手である経済人や資本主義社会の大国の指導者たちは豪語しました。それをソ連崩壊の一九九一年としましょうか。それから今はまだ二十年も経っていないのですが、この二十年の時間帯の中でどんな現実が進行したのかということを考えてみたいと思います。勝利を謳歌したはずの資本主義が、いまどんな危機的な状況にあるのか、ということです。

この間の、特に去年（二〇〇八年）の中盤からのアメリカの金融危機、リーマンショックに始まる金融危機から派生したさまざまな問題が、どれほどの規模とスピードで世界中を覆いつくしているかということを、私たちは目の当たりに見て日々を過ごしているわけですね。家を失った人びとや失業者が世界中で増えたり、日本では若い人びとが派遣切りにあったりというのを、目の当たりにして実感しているわけです。ですから、勝利を謳歌したはずの資本主義はいったいどこへ行っちゃったんだということになります。資本主義は社会主義に勝ったはずじゃないか、もうこれからは資本主義だけだ、資本主義万能だ、市場経済万能だと彼らは言っていたはずではないか。まだ言い続けている人もいます。竹中平蔵という小泉内閣のブレーンだった経済学者のように、いまでも、構造改革が徹底しないからいまのような事態になっているんだ、と言い続けている珍しい人もいますけれども、誰の目から見ても資本主義もうまくいかなかったということが分かり始めているわけですね。なぜそうなったのかということを、われわれの日々の生活に関わってくることですし、あるいは世界がこれからどうなっていくかということに関わってくることですから、見ておきたいと思います。

このグローバリゼーションという言葉が使われ始めたというのは、さきほど一九九一年からであるというふうに言いました。それとですね、最近よく使われる言葉に新自由主義、ネオリベラリズムという言葉があります。新自由主義というのもこの間グローバリゼーションという言葉と同様に使われはじめています。人によっては新自由主義的グローバリゼーション、新自由主義的グローバリズムという形で、このふたつの用語を重ね合わせて使う人もいます。

これはどういうことかというと、二〇〇一年から二〇〇六年まで日本の首相をつとめた、小泉純一郎の時代を思い出してみれば、日本の現実に即してこの新自由主義というものがいったいどういうものであったのかということがわかると思います。この小泉という人は長い話を絶対しない、コマーシャルのような短い言葉、ワンフレーズですべてを表現するというので有名だった人ですが、彼が絶叫していた言葉は、とにかく「改革だ」、「改革だ」、「改革だ」ということです。この人はそのフレーズを言い続けていた。構造改革ですね。日本のような非常に閉鎖的な経済市場を開放して、国際競争力のある市場に開いていくんだ、と。

「官から民へ」という言葉も使いました。つまり非常に非効率的でたくさんの労働者を雇っている、公務員を雇っている官営の事業を民に移そうといった。この場合の民ですが、これが日本語のからくりで、私たちが惑わされ、だまされやすいところなんですが、民というのは民主主義の民でもあるし「たみ」の民でもあるわけですけれども、「官から民へ」というふうに小泉氏が言ったときには、この民というのは実際には私企業を意味するわけです。ところがあの人が短く「官から民へ」というふうに言っちゃうと、あたかも役所仕事で非効率的でたくさんの人件費を使って行なわれている「官」の仕事が、庶民である「民」の手にわたるものであるかのような幻想を社会に植えつけたんですね。

こうして、小泉氏は五年間圧倒的な支持を誇ったわけです。ところが実際には、何もかもが私企業に渡って、決して民のものになったわけではない、ということが、彼が首相を辞めてからこれだけ明らかになってきているわけです。そうすると、なぜこんなことになったのか、このときの思想というのはいったいどういうものなのだったのか、ということになりますね。これは基本的にはアメリカ合衆国があらゆる国に圧力をかけて、これを呑めというふうに言ってきた、そういう攻勢のもとで行なわれたことです。

六、新自由主義経済政策は、世界に何をもたらしたのだろう

具体的な例を、地球上の別な地域から挙げてみましょう。少し時代は遡りますけれども、まだソ連が存在していてアメリカとソ連が非常に激しい冷戦構造にあった時代に、ラテンアメリカというのは冷戦構造のひとつの象徴的な場所でした。ここはアメリカが「裏庭」という意識で捉えてきた地域ですが、そこにキューバという、資本主義のアメリカと対立するはっきりとした路線を持った社会主義国があって、これがアメリカにとって非常に大きな問題になっていました。ですから、「第二のキューバを絶対許さない」ということがこの地域に対するアメリカの譲れない政策であった。もし、もうひとつキューバのような確固たる社会主義路線を取る国がこの地域に現れたら、せっかく自分たちが今まで「裏庭」として好きなように利用してきたこの地域がソ連側についてしまう。それは何としてでもくい止めなければいけない、というのが当時の合衆国の考え方でした。それで合衆国は、中央アメリカ、南アメリカなどのアメリカ大陸諸国に対する政策に非常に力を入れました。

ところがその途中で、一九七三年に、南米のチリという国で――南アメリカの太平洋側の細長い国ですね――民衆の選挙で社会主義政権ができてしまったわけです。これは世界史上初です。今までの社会主義革命というのは、すべて武力闘争によって前の政権を倒すという形で革命が行なわれてきた

けれども、チリでは総選挙によって社会主義を掲げるサルバドール・アジェンデという人が大統領に当選しました。だからこの年になって初めて、一九五九年の革命から十一年間孤立してきたキューバは、同じアメリカ大陸の中に同志を得たわけです。そして、アジェンデ政権は三年間、約千日間、チリの大統領を務めるなかで、だんだんと社会主義的な政策を行なっていくわけです。

チリは銅を中心として非常に鉱物資源が豊富なところです。それは、もちろん、アメリカ合衆国の資本の手中にありました。それをアメリカ資本の手から取りもどして、国有化してチリ全体のために、チリの経済の中でどのようにその資源を活用するかということを彼は考えたわけです。電信電話とか通信網というのも、多国籍企業が、ある国を支配するときにもっとも早く手を付けるものです。国際電信電話を中心としたアメリカの巨大コングロマリットであるＩＴＴ（国際電話電信会社）も、チリの電信電話を支配していました。それを自分たちの手元に戻してチリのものとして活用する。そしていままでないがしろにされてきた社会福祉政策、弱者に重点をおいた政策の展開と外国資本の手から自分たちの権利を奪い返すという政策が一体のものとして展開されたわけです。

当時のアメリカ政府の政権は、このアジェンデのチリがこのまま生き延びては大変だと強い危機感を持ったわけです。それで、ＣＩＡやアメリカ系の企業がドルをたくさん使って、社会的に中間層、上層階級にいるチリの人びとを煽動して、さまざまな妨害工作を行なった。そして、一九七三年九月十一日、最終的には軍人のクーデターによってアジェンデという社会主義政権を打倒してしまうわけです。アジェンデは、大統領官邸を爆撃する軍に銃を持って応戦しながら殺されてしまいます。そしてアメリカはチリに軍事政権をつくり上げるわけです。寄り道しますが「九月十一日」というと、記憶のある日付ではありませんか。そうです、「9・11」は、二〇〇一年にニューヨークの高層ビルやワシントンの国防総省ビルに航空機が突っ込んだ、あの日の日付です。米国は、この日付をもった悲劇的な出来事を世界で唯一米国だけが背負ったものであるかのように装って、それを口実に新たな戦争を開始して現在に至っていますが、ラテンアメリカの人びとは、この日付を見て、他ならぬ米国の後押しで実現し、かつ大勢の犠牲者を生み出した一九七三年チリ軍事クーデターの史実を思い起こすのです。

話を戻します。この冷戦の真っただ中の、アジェンデ政権が倒れた一九七三年の後から、ラテンアメリカでは新自由主義という政策がアメリカによってとられ始める。これは世界に先駆けた、新自由主義の原型の例です。なぜその政策が必要だったかというと、第二のキューバを許さないという決意で、アメリカはチリの社会主義政権を倒した。倒したはいいけれども、もしその後に据えた軍事政権がうまく国家運営ができなければ、それ見たことかということになってしまう。だから社会主義政権を打倒した軍事体制としてのチリには、国家として優等生になってもらわなければならない。第三世界のモデルは貧しい社会主義のキューバではなくて、軍事体制のチリだったり同じく独裁政権下の韓国であったり、そうしたものでなければならない、というふうにアメリカは考えて、チリに積極的なテコ入れを行なったわけです。

アメリカのシカゴ大学にミルトン・フリードマンという有名な経済学者がいました。一九七六年のノーベル経済学賞を受けた人です。レーガンとかサッチャーとか中曽根とか一九八〇年代の米、英、日の指導者であった人たちの指南役をした、新自由主義の経済学者ですね。この人が「小さな政府論」というのを展開したわけです。「小さな政府論」とは何か。政府がなにもかもするのではなくて、市場における企業の自由活発な経済活動に委ねることができるものはどんどんそこに委ねて、自由競争の中で経済を運営していく。それが、結局は多くの人びとが幸せに暮らせる、そういう基盤を用意するものなんだ。国家が大きな予算を使って無駄な公務員労働者をたくさん雇うのはもうそろそろやめよう。公務員、公営企業、国営公社、そうした企業は無駄が多いので、資本主義の競争原理にさらすことによって無駄を省こう。競争原理にさらすことによって、労働者も人員整理できるし、国家負担によってさまざまな運営をしている非効率部門もカットできる。そうすればそれだけ経済効率が上がり、社会が活性化する。「小さな政府論」とは、そういう考え方です。

それから、各国とも外国資本に対する規制を取っ払って、どんどんお金のある外国資本を導入すればいい。外からお金が入ってくれば、それがてこになってさまざまな労働需要を満たすような仕事をやってくれるわけだから、その国の経済は活性化するはずである。だから、外資の規制枠というものを取っ払ってしまおう、自由に活動させよう、と。おおまかなことを言えば、もっと細かいことはたくさんありますけれども、そういう考え方を広めた、あるいはアドバイザーとして各国の政府に指導した人たち、それがこのミルトン・フリードマンに率いられたフリードマン学派と呼ばれる人たち、いまで言う新自由主義の人たちですね。中曽根氏はフリードマンの信奉者でしたから、一九八六年には彼に勲一等瑞宝章を授与したくらいです。

基本的にはその方針に基づいて、チリを初めとする南米各国の軍事政権の政策がアメリカによって指導され始めるわけです。ですからそれまでは、どの国においても、鉄道というのは、公共性を保障するためには採算が取れない路線でも走らせてきた。経済の効率を考えたら、私鉄のようにたくさんお客を運んで利益を出せる都市だけに線路を走らせるようにしなくてはいけないけれども、どの地域に住んでいても対等の便宜を享受できる、そういうことで、たとえば鉄道が敷設されていたり、病院があったり、郵便局があったり、そういうものがある程度国家予算の中で保障されてきているわけですね。教育ももちろんそうです。社会福祉も医療も、たしかにひとつひとつを見ていけば、いったいどこで利潤を生み出すことができるかということになってしまう。金儲けということを原理としてしまえば、市場原理で言えば、そういうことになってしまいますね。しかし世の中にはそのような市場原理で考えてはいけないことがあるわけです。それをやると、非常に不平等なことになってしまうわけです。貧しい人がもっと貧しくなる。あるいは見捨てられる立場の人びとが多く発生してしまう。そこは予算を立案したり執行したりする立場にある政府・公務員が十分に考えるべきことがらである。どの階層の人も、どの地域に住んでいる人も、どんな身体的な条件を持っている人も、みんな対等の立場で同じ条件を享受できるような、そういうものを国家は保障しなければならない。というのが、本来ならば政府や官僚として働いている人びとの当然の考え方、モラルにならなければならないわけです。

新自由主義は、それをやめてとにかく全部競争原理でやろうということです。すべては自己責任だ。そこでもし仮に負ける者がいても、貧しい者がいても、それは自分が怠けたり努力が足りなかった結果だから致し方ないだろう。人間の社会はそのような競争によってこそ鍛えられ、生き生きと活性化し、そこで大多数の者の高い生活水準や幸せ度、そういうものが保障される。新自由主義とは、こういう考え方だというふうに、おおまかに言うことができると思います。そういう考え方が、チリのアジェンデ政権が倒されたあと、ラテンアメリカ全体に吹き荒れた。ラテンアメリカに押し付けられたわけですね。

世界銀行とかＩＭＦ（国際通貨基金）という国際的な金融機関がありますね。アメリカ・日本を初めいろいろな先進国がお金を出し合っている金融機関です。金融機関だから中立的な装いがあるように見えますけれども、実際には貧しい国にお金を貸し付けることによって、世界銀行や国際通貨基金が、そのような新自由主義の政策をそれぞれの国に強いるわけです。もしあなたたちがこの官の部門を私企業化するのであれば、これだけの金を貸す。これだけの数の労働者の首を切るのであればこれだけの金を貸す。医療や教育や社会福祉の非効率部門をこの程度までカットしたらこれだけの金を貸す。という条件を出して、強制するわけです。さらに、輸出産業を奨励して、それで得た外貨は国内の人びとのために使うのでなく、世界銀行やＩＭＦからの借金返済のほうに優先して回せ。外国資本を積極的に導入しろ。そういう一方的な条件を出すことによって、その条件を受け入れた国の政府に対して、新たな借款を供与するという形でまわしてきたわけです。

問題は、ラテンアメリカのように貧困が圧倒的な規模で存在する、すさまじい貧富の差が存在する、そのような国々で、社会的な公正さ・公平さを配慮しない、新自由主義的な経済政策を行なうことが一体どういう結果をもたらすのか、ということです。新自由主義経済政策はそのことをまったく配慮していないわけです。そこにこの政策の大きなゆがみがあると僕は考えています。日本では、一九八〇年代初頭の中曽根政権によって開始され、多くの人びとが身に沁みてその結果を思い知るのは、二〇〇〇年代の小泉政権の諸政策が実施されて以降でしたが、世界的には一九七〇年代のラテンアメリカの軍事政権によって、キューバを包囲するために、ラテンアメリカにおいてキューバの孤立化を促進し、ほかの軍事政権を支えるために、アメリカが積極的に導入した。そういうものとして、新自由主義政策はこの地域で世界に先駆けて行なわれたわけですね。だからこの新自由主義の結果を味わわされるのも、ラテンアメリカの人びとが一番早かったのです。

七、日本でも、新自由主義経済政策が実施されて、久しい時間が経っている

では、これがどういう結果をもたらしたのでしょうか。

ラテンアメリカでは、一九八〇年代に入って、次第に軍事政権が倒れて民政化されていく。一定の

民主主義的な政権ができたときに、人びとがようやく声を上げ始めた。新自由主義政策が、いかに自分たちの社会をだめにしたかということを公然と訴えるようになったのです。国際金融機関は確かに各国軍事政権に融資を行なったようだが、それは民衆生活の向上や福祉には使われなかった。国際的なホテル・チェーンや金融機関のきらびやかな建物に使われて、しかも融資側や軍事政権の取り巻きの連中に還流する構造をもっていた。にもかかわらず、債務だけがいまを生きる民衆の肩に背負わされている。そういう中で新自由主義批判の声が浸透していくということになる。現在、ラテンアメリカの多くの国々においては、米国が押しつけてきた新自由主義経済路線に従わない政権が成立しています。それらの諸国の間では、弱肉強食の市場原理に代えて、相互扶助・連帯・共働を原則とする社会原理を国境を超えて形成しようとする動きが見られます。多様な形で展開されている民衆運動も、政権からは相対的に自立した地点で、独自の反新自由主義の運動を担ってきており、成果を挙げています。世界に先駆けて新自由主義経済の荒々しい洗礼を受けたラテンアメリカ地域が、数十年後の現在は、それに抵抗し、自立的な新たな道を模索しつつあることは、注目すべき現実です。

　別な地域に関してもう少し説明を加えましょう。先ほどレーガン、サッチャー、中曽根というふうに言いましたけれど、これはいずれも一九八〇年代前半に政権を取っていたトップリーダーの名前です。レーガンはアメリカ合衆国、サッチャーはイギリスの女性首相、中曽根は日本です。中曽根さんはもう九十歳を越えたと思いますが、まだときどき何か発言をしていますね。先進国ではこの八〇年代の時代が、新自由主義経済政策が大々的に取り入れられた時代、アメリカ合衆国、イギリス、日本を先頭にして取り入れられた時代です。

日本ではこの時、国鉄――今はＪＲと言っているのは当時は国鉄と呼ばれた国有鉄道の略称が国鉄です――で、この時たくさんの国鉄労働者の首を切って、国鉄を分割、民営化、私企業化したわけですね。それが、いまみなさんがよく知っているＪＲになった。電信電話というのも公社でした。それも解体されました。ですから日本における新自由主義に向けての具体的なスタートは、この一九八〇年代に切られている。それが約三十年かけて現在の日本の状態に作りあげられたと考えられます。

この一九八〇年代に、イギリスでも日本でも労働のあり方が大きく変わりました。いま派遣労働というのが問題になっています。つまり企業はこの派遣労働の合法化によって、たくさんの労働者を自社に抱え込まなくて済むようになったわけです。企業が正規の労働者を雇っていくと、賃金はもちろん社会保険の問題や何か多くの企業負担があって、企業の出費が多くなるわけですね。また不景気になって労働者がいらなくなったからといって、簡単に彼らをやめさせることもできない。その点、派遣労働者は、自分の企業の労働者ではないので、必要なときだけ使ってあとは切ることができる。企業が雇用責任をもたなくていいのですね。だから、たとえたくさんの利益をあげている大企業でも、便利な派遣労働にだんだん頼り始める。これは、一九八五年に日本で派遣労働というものが解禁されてからのことです。ですから約二十年以上かけて今のような派遣労働の問題がこれだけ顕在化した、目に見えるようになったわけです。日雇い労働という形態は、建設・土木・港湾などの分野では以前からあり、そのような労働形態を好む労働者個人の選択とは別に、そこに孕まれる問題点も指摘されてきました。それが製造業の分野でも解禁されて、一気に問題が見えやすくなったのです。

人は誰にせよ何らかの形で労働して生きていくことになります。ことさら自分がやっている仕事に誇りを持つという生き方が必要だとは必ずしも思わないけれども、しかしやはり自分が日々働いて、それによって生きていくための給与を得ていくということが基本です。長年に渡ってそれが可能になるためには、やはり自分が職場で自分が担っている労働が、どういう条件の下で自分が関わっていて、それが社会全体の中でどういう役割を果たしているのかということを意識化できるというか、ある手ごたえを実感できることが必要です。そういうときに、やはり一人ひとりが担う労働の意味というものがより一層大きくなっていくのではないかと考えると、必要なところでだけ使われて必要がなくなるとすぐさま切られるという派遣労働は、この間テレビや新聞でも多く報道していますからわかるように、やはり人間のあり方・尊厳を非常に傷つけている、そういう労働のあり方だということがわかるわけですね。

なぜそのような派遣労働の方法を、いままですでによく儲けてきた経営者、企業のトップたちがあえてやってきたのか。そこに、彼がたとえ資本主義的な社会システムを信じる、その有効性を信じる人間であったとしても、資本主義というのはこれほどまでに人間を粗末にして恥じないものかという観点から、きちっと問題提起をしなければならないわけです。だからこそ、いまそういう場で働かざるをえなかった人たちが、声を上げはじめているんだというふうに思うわけですね。

八、それぞれの時代にグローバリゼーションはいかに立ち現われたか

では、問題はいったいどういうことなのか、ということを考えていきたいと思います。

いままで話してきてわかるように、たとえば、十五世紀末のコロンブスの「アメリカ大陸到達」以来の最初のグローバリゼーションの場合には、出かけて行ったヨーロッパ人たちが勝手にひとつの世界を作り上げてしまったわけです。アメリカ大陸において現地の人びとの虐殺を行ない、集団的な強姦を行ない、奴隷の強制連行を行ない、アメリカ大陸を植民地化し、奴隷労働をさせ、そうしたことを作り出しながら世界をひとつにしたわけです。確かに彼らは積極的にアメリカ大陸に出かけて行ったし、物は奪っていった。だからそれは、一方的なグローバリゼーションだということは、後世の目ではっきりわかりますね。

それから一九七〇年代、南米を中心にして行なわれたアメリカ合衆国によるグローバリゼーションの時代があります。米国には、キューバとの対抗関係を最優先することを目標において、キューバをいっそう孤立化させてアメリカ大陸における最後の社会主義の砦を崩壊させるという、彼らなりの目標があったのですが、それを実行する上で、南アメリカにどれほど非人間的な政策を押しつけたか。

そういうこともいまから見れば非常にわかることが多いのではないかと思います。

それから一九八〇年代、日・英・米で始まった先進国における新自由主義経済政策。これは、高度消費社会として完成していた先進国では貧困問題はほぼなくなったというふうに多くの人びとが思っていた時代に始まった。現在のような形で、この深刻さで再び貧困問題が社会の前面に出てくるというのは、僕自身にも見通しはありませんでした。しかし改めて労働者派遣法施行以来のことをいまの段階から考えなおしてみると、あまりにも見通しが甘かったなというふうに僕自身も思うわけですね。そうすると、新自由主義的な経済モラルというものは、非常に発達した資本主義社会の中でのさまざまな関係すらもずたずたに切り裂きつつあるというふうに、今の日本社会を見れば言うことができるだろうと思います。そして昨年から始まっているアメリカの金融危機を発端とする混迷というのも、金融資本、銀行というのが、この資本主義の中で自己の利益のためにはどこまでやるものなのか、どこに行き着いてしまうものなのかを明らかにした。金融資本、銀行は、もともとは一定の物を生産し、人間生活に有用な物を生産しそれを販売する企業に対して貸し付けを行なって、彼らの生産活動を助ける、そしてその貸付の利子によって利益を得る、そういうものが資本主義社会における銀行の出発点だったわけです。けれども、この間の証券会社とか金融資本のやってきたことは、お金を転がすだけで莫大な利益を得る、という錬金術のような仕方で巨万の富を得てきたわけです。

サブプライムローンというのがよく問題になりました。サブプライムローンというのは、本当の意味で訳せば、本来経済的に信用できない人へのローンということです。つまり低所得層の人びとへのローン。低所得層の人びとは元手がそんなにないわけですから、お金を貸しても回収できない危険性が高くなる。ですから、そういう人にお金を貸し付けることは、銀行としては本来やらないことなのですね。本来は返せる当てがないわけですから。しかし、そういう人にまでどうやってお金を貸し付けるかという「金融工学」を発達させて、それでその貸したローンを証券化して、その証券を細分化してまたほかの証券にもぐりこませてどんどん売って、それを世界中にまた売って、また売ってというふうにやって稼いだわけですね。そういうところまでアメリカ社会は行き着いてしまったわけです。返せる当てのないローンをベースにしているのだから、それがいつかは、パーンと破裂するということは、物事を正常に理解できる人ならわかるはずですね。ところがその渦中に入ってしまうとわからなくなってしまう。あるいは、中間過程では確かにお金を儲ける人たちが出てくる。この紙切れには何の保証もないんだよな、というふうに気づきながら、それを転売すればその瞬間はお金になって、大きなお金になっていくから、その場限りで、この時が良いというふうに考える立場に立てば、それはスリルを伴ったけっこう面白い投機であるというところにいってしまった。それがいよいよ破産して、いまのような状態になってしまった。このような現実を見たときに、いったいこれから資本主義がどこへ行こうとするのか、私たち自身が、そういう問題に向き合うことが問われていると思うわけです。

九、社会主義敗北の時代に、チェ・ゲバラに対する関心の高さは、なぜ？

　さきほど言ったように、一九六七年に三十九歳で亡くなってしまったゲバラが、いまのこのような時代を見たら、いったいどういうふうに言うだろうかということをいくつかの観点から考えてみたいと思います。ごく簡単に言います。それともうひとつ、なぜゲバラなのか。なぜゲバラと対話するのかという問題があります。ゲバラというのは、一九二八年にアルゼンチンに生まれて、一九六七年にボリビアで三十九歳で亡くなった人です。世界に幾人もいる二十世紀の社会革命家の中で、いまなお言及されること、思い出されること、分厚い伝記が書かれること、映画化されること、歌として歌われること、若者文化の中ではTシャツとして彼の肖像画が描かれること、そういうことで非常に有名な人です。

　二十世紀は、先ほど言ったように、資本主義と社会主義という二つの大きな社会体制の中でどちらを選ぶかということで熾烈な闘争が行なわれた時代で、社会主義を掲げる人びとの中に、ロシアにはレーニンとかトロツキーとか、中国には毛沢東とか、キューバのフィデル・カストロとか、ベトナムのホー・チ・ミンとか、いろいろな指導者が出てきたわけですね。もちろんリーダー一人二人がその運動を進めるわけではないけれども、ある革命を象徴する人物として特定の人物に焦点が当たるということは避けがたくあるわけです。レーニンや毛沢東というのは、僕の学生時代には彼らが書いた文章が読める本が文庫本も含めてたくさんありましたし、当時は大きな関心を持って、特に若い人が彼らのことを論じる、そういう時代でした。でも、さきほど言ったように一九九一年にソ連邦が崩壊して社会主義が非常に無残な形で敗北していったという現実を見た後では、まったく関心を示す人が少なくなってしまった。大学にもマルクス経済学の講座というのは僕の学生時代にはたくさんありましたけれども、いま日本の大学を眺めまわしてみてもマルクス経済学を講じている教師の姿はあまり見かけません。それに関心を持つ学生もいなくなった。今でこそマルクスだけは少し復権してきたといいますか、『資本論』を含めて読まれる時代が来ているみたいですね。そのように二十世紀のさまざまな社会革命の中で極めてユニークな活動をしたり発言をしたカリスマ的な指導者だと思われた人たちがほとんど顧みられなくなった。そういう時代の中で、先ほど言ったようにチェ・ゲバラという人だけは思い起こされることが非常に多い。それはなぜなのかということを、まず簡単に考えてみたいと思います。

チェ・ゲバラという人はアルゼンチンに生まれた人です。中産階級の出身で、どちらかというと一定の裕福な暮らしのできるところに生まれた人ですが、子どもの頃に喘息を患っていたので、医者になろうと思って大学では医学を学んだわけですね。まもなく大学を卒業する頃、一九五二年から五三年に、親しい友人と二人でモーターバイクで南米一周旅行をしました。そしてチリへ行って、そこに世界でも有数な銅山があるのですが、先にも述べたとおり、そこではアメリカ資本の下で鉱山労働者が非常に劣悪な、厳しい労働条件の下で働かされている。彼はそのことを知るわけです。同時にまた、そこで労働運動や政治運動という形で、そのような非常に抑圧的な経済支配に対して戦っている労働者にも出会うわけです。これがゲバラにとって一つの大きな経験になるわけですね。大学を卒業してからはベネズエラという別の国でハンセン病、いわゆるらい病院で、医者になって働こうと思って、また改めて旅に出るのですが、その時にいろいろ予定が狂っていつの間にかメキシコに来ていた。そこで、キューバで反独裁闘争をやって敗れて亡命していたフィデル・カストロという人に会うわけです。カストロ兄弟やキューバの革命家たちに会うわけです。一九五六年のことです。

フィデル・カストロは、数年前にキューバの最高権力者を引退した人ですね。その当時カストロたちは、いったん武装蜂起をしてキューバの独裁体制を倒そうとしたのですが、敗れて囚われの身になった。その後恩赦で出てくるのですが、あのような民衆の生活を省みない腐敗したキューバの独裁体制は許せない、絶対打倒するんだといって、メキシコで資金と武器を集めていたわけですね。そこでゲバラとカストロは出会った。ゲバラが二十八歳、カストロが三十歳の頃です。そして、自分たちはこれからヨットでキューバに行って武器を持って独裁政府軍と闘うんだということを、カストロがゲバラに言ったわけです。ゲバラはそれを聞いて、じゃあ自分も一緒に闘おうと言ってキューバに行ってしまったわけですね。二十八歳の青春の、なんていうのか、無鉄砲さとも言えるのかもしれないし、そこまで人と意気投合できた、そういう時代があったわけですね。それでキューバへ行ってカストロたちと一緒に約二年間、いわゆるゲリラ闘争を展開します。そしてもちろんゲリラだけが闘ったわけではなくて、都市で生活したり働いている人たちもストライキをしたり集会をしたりして、だんだんとバティスタという独裁政府を追い詰めていって、ついに一九五九年の一月一日に勝利するわけですね。ですから今年はキューバ革命の勝利からちょうど五十年目を迎えているわけです。半世紀のあいだ、キューバ革命は持続したわけですね。持てる強大な政治力・経済力・軍事力を思うがままに行使して実現されてゆく米国主導のグローバリゼーションもあるが、キューバのように、それに対する抵抗を持続することで世界へ影響力を及ぼしていく、抵抗のグローバリゼーションとでも名づけうるような動きもあるわけです。

さて、ゲバラは革命闘争の過程でたいへん有能な働きをしたので、すぐキューバの市民権を獲得します。彼はアルゼンチン人ですから、その後キューバで自由に生活するために、ということで市民権が与えられる。それで国立銀行の総裁になったり工業担当相になったり、閣僚になるわけです。ですから新しいキューバ革命政府の第一線に立つわけですね。この五九年の七月には日本にも来ました。アジアやアフリカをずっとまわって日本に来て、当時の通産相などと会談し、新三菱重工やトヨタ、久保田鉄工などのメーカーのいくつもの工場を見学しました。

十、チェ・ゲバラは来日して、大事なことを語った

そのときのひとつのエピソードを話しておきますね。ゲバラが東京へ着いたときに、日本の外務省と新しいキューバ政府の大使館は、ゲバラが日本の無名戦士の墓に詣でることをスケジュール化していました。しかしゲバラは拒否するわけです。日本の無名戦士ということは、アジアに対する侵略戦争で大勢のアジアの人びとを殺した兵隊じゃないか、というわけです。なぜそのような元兵士の墓へ自分が詣でて花を捧げなければならないのか、と彼は思ったわけですね。これは、もちろん、靖国神社のことではなく、東京の千鳥ヶ淵という場所に、いわゆる戦没者墓苑があり、それはゲバラが来日した一九五九年に完成したばかりだったので、そこのことです。そして彼は逆に、アメリカが十四万近い人びとを原子爆爆で殺した広島に行きたいという。当時の日本政府は彼の広島行きをそれほど歓迎しないで、なかなかスケジュール化しなかった。それで、強引に広島に行ってしまいます。彼は、日本のアジアに対する戦争は、戦争という形を取ったあの時代のグローバリゼーションの一形態だったし、それは侵略戦争だったから間違っていたと思うわけです。一九五九年といえば、日本では、豊かな米国の物量作戦に敗北した戦争という捉え方のほうが根強く、この戦争はもともと日本のアジア侵略から始まったという史実には目を背ける考え方が主流であった時期です。遠いアルゼンチンに生

まれた、当時三十一歳であったチェ・ゲバラの歴史を見る目の確かさを感じます。

しかし、他方でゲバラは、一九四五年八月六日、八月九日になって、もう日本の敗北が決定的な段階で、あのような原爆という残虐な兵器を使って数十万人の広島と長崎の人びとを殺したアメリカのやり方はあまりにもひどすぎるとも思ったわけです。彼は、広島で原爆資料館を見たり原爆病院を訪れて患者さんと会ったり、当時あった原爆スラムという居住区を見たりしながらその確信を深めた。この一九五九年当時、日本はアメリカの占領統治からはすでに独立していたが、日米安保条約によってたくさんのアメリカの軍事基地を持っていた。それは、いまも続いていますね。ゲバラは、原爆投下の結果を資料館で見ながら、こんなことをされてもあなたたちはまだアメリカのいいなりになるのか、と案内人の日本人に問うています。その時、ゲバラは、戦争というものがどれほどの規模で世界のあらゆる人びとを巻き込むか、戦争という形で活動されるグローバリゼーション、世界大戦、そういうもののむごさというものを知ったわけですね。

彼はソ連にも何度も行きました。ソ連は、当時アメリカとだんだん対立を深めるキューバに援助を申し出てくれた社会主義の大国です。しかし何度も訪れるうちに、彼は大きな疑問を持つわけです。社会主義というのは本来の目的からすれば、人間が人間の敵である資本主義とは違って人間が人間の敵ではなくなるような、そういう調和的な社会のはずだった。そのためにみんなが苦労して努力し、革命を成し遂げた。しかしソ連の現実を見るとそうはなっていない。一部の特権的な共産党の官僚たちがあらゆる実権を握り、官僚制がはびこる。社会の中でも社会主義の名にふさわしくないさまざまな試みがなされている。それで彼は、ソ連社会のあり方や指導部の政策に対して非常に懐疑的になりました。やがて当時あったKGBというソ連の秘密警察に自分の動向を、キューバにおいてもどこへ出かけても、探られるようになりました。ゲバラは、ソ連にとってのひとりの危険人物になったわけですね。

彼はほかにもアジア、アフリカ、ラテンアメリカの多くの国々を訪ねました。それはキューバとある意味で同じような条件下にある国々であり、どのように新しい社会を建設するかということにおいては共通の歴史、共通の目標というものを深く感じるようになったわけです。それらのアジア、アフリカ、ラテンアメリカの国々は、すべてほぼ例外なく経済力も政治力も軍事力も通貨影響力も小さな国である。だからひとつひとつの国ではなかなか、大きな国、かつて植民地支配をしていた大国とか新たに世界的な力を振るっている大国に対する抵抗する力は非常に弱い。けれども、それらがいっしょになって連帯して戦ったときにどういう結果が表れるかということに、ゲバラは期待をかけようとしたわけです。だから、国際会議や国連、あるいはまだキューバが追放される以前の米州機構の会議、国連経済社会理事会の会議など、さまざまなところに出ていった。彼はそこで、いかに第三世界が、つまりアジア、アフリカ、ラテンアメリカが、先進国との不平等な貿易関係の中で、いわゆる先進国が一方的に利益を得るような経済システムの中で、いかに歴史的に苦しめられてきたか、さらには、いまなお現実的な問題として、一九六〇年代の現実の問題として、不平等な関係を強いられて苦しめられているかということについて、積極的な問題提起を行ないました。

彼は以前から、キューバだけが大国アメリカの傀儡政権から解放されてもそれは闘争の終わりではない、という考えを持っていました。だから、自分は自分の軍事的な作戦能力を求められるところがあれば、どこへでも行ってそこで闘いたい、ということをカストロに申し出て、いろいろないきさつがあるのですが、それはついに認められて、最初はアフリカのコンゴに行きました。キューバから志願兵を連れて。しかし、コンゴではあまりうまく行かなくて、今度は南米の中央にあるボリビアという国に行くわけです。そこで、キューバと同じようなゲリラ戦を展開すると、当時の情勢からして一番有効な闘い方になるのではないか、と彼は考えたわけです。ボリビアは南米大陸の中央にあって、いろいろな国に接していますから、そこでゲリラ戦を展開すれば、まわりのいろいろな国の人たちがそれを学んで、それぞれの国に戻って闘うことができる。そうすれば、各地にできている軍事政権を倒して、南米全体を一体化した社会主義を目指す政権をつくることができるのではないかというふうに、考えたわけです。しかしそれが失敗してしまいます。そして一九六七年の十月に、彼はボリビア政府軍との攻防の中で捕らえられ、殺されてしまう。彼を生かしておいたら大変だということで、裁判なくして当時のボリビアの大統領命令で射殺されてしまうわけですね。

ですから、ゲバラという人の生き方は、当時の、日本に限らず世界中の学生たちにとって、別に学生でなくても若い人たちにとって、ひとつの非常に新しい生き方というか、新鮮な驚きであった。それはつまり、僕らはこの時代、ソ連なんかを見ていささかうんざりし始めていたわけですね。当時、社会主義というのはまだ魅力ある思想として多くの人びとの心を捉えていました。しかし、現実にソ連や中国や北朝鮮や東ヨーロッパの国々で社会主義を名乗る政権を見ていくと、ちょっとたまらないなという現実がたくさん見えてくる。共産党の幹部になったらさまざまな特権が認められて、それを彼らは平気で享受している。ものすごい官僚制がはびこっている。資本主義社会のモラルとあまり変わらないような感じで、学校教育や思想教育が行なわれている。言論の自由や民主主義の問題を考えたときに、あまりにも不自由である。大量粛清が行なわれる。

人間が人間の敵であるのが資本主義社会であるとすれば、社会主義はそれとは別の価値を生み出したはずなのに、なぜこんなにたくさんの人が殺されなければならないのか。粛清されなければいけないのか。ソ連で言えば、なぜ何千万もの人が粛清されちゃうのか。カンボジアであれば数百万の人が粛清されてしまったのか。そういうことを見ていくとちょっとたまらないな、と思ったわけです。もっと別な形で社会主義というものが現実化しないと、それは自分にも人びとにも希望や夢をもたらすものではなくなっていく、というふうに思えた時に、ゲバラが現存社会主義に対するさまざまな批判や問題提起を演説や論文の中で行なったわけです。

ゲバラは、非常に頑強な、確信に満ちた社会主義者です。自分の倫理というか哲学を持っていた人ですね。そういう立場からソ連のあり方を批判したりした。それから、アルゼンチンで生まれキューバで革命家として成長しているということは、やはりヨーロッパではないところからの別の視点で世界を分析する、そういう優れた能力を持っている人でした。私たちはどう頑張っても、強いものが、勝ったものが著した歴史を多くの場合学ぶことになります。別に教科書だけではなくて、社会教育とか家庭教育とかメディアの中で行なわれる教育とか、この社会に充満しているさまざまな言葉遣いとか歴史観とか世界観というのは、やはりよほど注意深く受け止めないと、圧倒的に強いものの立場で書かれたもの、表現されたもの、それが社会には充満しているわけです。だから、われわれの中にもいつのまにか世界を今まで支配してきた欧米的な価値観、それに縛られたものの見方で見ているところが大きい。そう考えると、そうではないところに生まれ育って別な視点を持って自由に歴史を見たり世界を見たりすることができる人、そういう人の言うことは、非常に得ることが多いといえます。ゲバラというのは、二十世紀の中でも、そういう異質な視点を持ちえた人間として、極めて傑出した人の一人だと思います。ですから彼は、当時の一九六〇年代段階でのアメリカ合衆国とソ連の対立構造の中での世界の問題というのは、いったいどういうことなのかということを、自分独自の視点から一生懸命考えようとしていた人だといえます。

十一、チェ・ゲバラが夢想していた世界のあり方はどんなだったのだろう

現代のグローバリゼーションが勝利したのは、社会主義の敗北の上にであったということには何回も触れました。ですから、まずゲバラには、いま生きていたら社会主義をどう考えるのか、ということを語ってもらわなければならない。彼は、おそらくいまの時代に生きていたとしても、確信的な社

会主義者であり続けるだろうと僕は思います。その場合こういうことが言えると思います。

彼は、生きているときからソ連に対する批判を公然と行なっていました。特に、彼がキューバを出国する一九六五年二月に、アルジェリアのアルジェで、アジア・アフリカ連帯機構の第二回経済会議が開かれました。そこで、彼はまだキューバ代表として演説をしているのです。そのときに、ソ連という名前は挙げませんが、誰もがソ連だとわかる形で、大国の社会主義国の中には、資本主義国の、あるいは帝国主義国の大国が行なうのと同じような形で貧しい第三世界との貿易を行なってそこから不当に利益を得ている国がある、と批判した。

つまりこれは、ゲバラの考え方としては、先に勝利した社会主義国というのは、ある犠牲的な精神をもって、特に大国であればあるほど貧しい国を積極的に経済的に援助しなければならない、というふうに考えていました。社会主義というのは資本主義とは別なモラルを、新しいモラルを生み出さなければならない、と彼は考えていたわけです。そういう立場からすれば、ソ連が貧しい第三世界諸国との間で行なっている貿易は、いったいこれが社会主義的な貿易のあり方なのか疑わせるに等しい、それくらいに資本主義的な自国の利益追求の論理に貫徹しているというふうに、彼には思えたわけですね。ですから、彼は当時からソ連的な社会のあり方、官僚制の問題、幹部の特権化というあり方を含めて、彼自身の生き方から推測してわかるわけですけれども、そのようなものに非常に厳しい批判を持っていた。そうすると、現実の社会主義が失敗したいくつもの大きな理由がありますけれども、そのいくつかの理由について、彼はこの社会主義をどのように変えていったらいいか、是正していったらいいかということに関わって、いくつかの重要な発言を為し得たのではないかと思います。

たとえば、先ほども簡潔に触れましたが、現在ラテンアメリカで起こっている一つの事態をいまの問題と絡めて考えてみたいのですが、いまラテンアメリカにはたくさんのアメリカ合衆国の言いなりにはならない政権の国ができてきています。ベネズエラ、ブラジル、アルゼンチン、チリ、パラグアイ、ウルグアイ、ボリビア、エクアドル、それから中米に来てエルサルバドル、ニカラグア、ホンジュラス。ラテンアメリカには、カリブ海を含めて三十数カ国の国々がありますが、その国々のうち非常に多くの国々が、つい数年前まではアメリカ合衆国になにか言われたら、それに従わざるを得ないような関係で政治を行なってきたのに、いまはまったく別な考え方を持って、もうアメリカ一辺倒の新自由主義経済政策には従わない、と考えています。「米州機構」というのが、アメリカ大陸の機構としてあるんですが、これはキューバ革命の三年後、一九六二年にキューバを除名してしまいます。それはアメリカによるキューバの孤立策動です。ですから、キューバを除いたほかの南北アメリカ大陸の全部の国で形成している一つの機構が米州機構なわけです。いまその中に、いままでのアメリカ一辺倒のあり方を変えようとしている国々が育ちつつある。ここで、いまどういう動きが出ているかというと、先進国であるアングロ・サクソン系のアメリカ合衆国とカナダを除いた三十数カ国で、新しい米州機構というのを作ろうとしているのです。もちろんそのときはキューバも入ります。

十二、チェ・ゲバラの「夢想」は、死後四十年を経て実現しつつあるのだろうか？

そうすると、いままで思う存分あの大陸を支配していたアメリカ合衆国を除外した形で、自分たちの運命を考えよう、自分たちがなにができるか、自立的にどこまで何ができるかということを考えようという、そういう動きができているわけです。それからベネズエラというのは石油がたくさん出ますから、チャベス大統領の政権は、国内政策においても対外政策においてもオイルダラーをさまざまに活用しています。そうすると、どういうことが出てくるかというと、たとえばキューバ、ベネズエラ、ボリビア、そういう異なる産業構造を持つ国々の間で、共同の関係ができつつあるわけですね。この時キーワードになるのは、「相互扶助」、それから「連帯」、それから「共働」。「相互扶助」というのは読んで字の如くお互いに助け合うということです。「連帯」、これもよくわかりますね。「共働」、共に働く。

こういうことを国家間関係として考えた場合にどうなるか。たとえばベネズエラのように石油がたくさん出る国は、キューバやボリビアのような産油国ではない国に国際価格より安い値段で石油を供給するということです。キューバは、ニッケルとかさとうきびとかはありますけれども、それほど産業的に恵まれていない。しかしこのキューバは、革命後一貫して教育と医療についてたくさんの国家予算をつぎこみましたから、第三世界では有数な医療水準と教育水準を持っています。ですからキューバは毎年数千人単位の医師や読み書きを教える人たち、教師たちを外国に派遣するわけです。だからキューバはボリビアやベネズエラなど、まだ識字率が低い国、また医療水準が低く、医師と看護師が不足している国に医師や教師を送る。ですから、ベネズエラとボリビアは、この間一気に識字率を向上させ、貧しいがゆえの疾病から人びとを解放する事業が進行しました。それからボリビアは農産物が豊富にとれるからそれをベネズエラやキューバに提供する。それを、さまざまな不平等さがあるままでの国際的な関係としての貿易原理によってではなくて、自分たちが考え抜いた共働の原理によって、連帯の原理によって、別な基準を作り出す。そういうことが実際に行なわれ始めているわけです。

それから、アメリカ主導のＩＭＦや世界銀行というのは、貧困国に対してとんでもない役割を果たしていたということを、さきほど言いました。そうすると、ＩＭＦや世界銀行に代わる南米の国々だけの特別の銀行、金融機関を作ろうとする動きも出てきています。アルジャジーラというアラビア圏での国際放送は、日本でもＢＳで時々流しますから有名になりましたが、ベネズエラにテレスールという南米各国がお金を出し合って自分たちで自分たちのニュースを報道しよう、自分たちの特派員を派遣して国際ニュースを報道しようという、そういうテレビ局ができています。これはまさに、ゲバラが一九六〇年代、さまざまな機会に自らの言葉で訴えていたことなのですね。ラテンアメリカの貧しい国々同士がどのように助け合って生きるか。われわれは、どうせ大国にはなれないしなろうとも思わない。そんなに経済力や軍事力があるわけでもない。そのような国々は、やはり互いに助け合い連帯し共働するという、そのような原理が、お互いの信頼関係の中で築かれることによって初めて、より大きな力を発揮できるんだ、ということを、彼はいろいろな機会に演説しています。国際会議でも行ない、キューバ内の人びと、青年や労働者、民衆に語りかける時にもそのような原理を説明しています。それがキューバ的な新しい社会主義の原理であるというふうに、彼は何度も言っているわけですね。

僕がいま述べたばかりのこの新しい動きは、まだ試行錯誤の最中で、今後どうなるかはわからない。しかし、そういう不安定なものを孕んではいるけれども、ラテンアメリカの中にこのような動きがいま実践されている。しかもゲバラが闘って死んだボリビアでは、そのような道を歩む大統領が二年半前の大統領選挙で当選している。アイマラという先住民出身のエボ・モラレスという人が過半数を得て、二〇〇六年一月に大統領に就任したわけです。彼は、「社会主義をめざす運動」という政治グループを名乗って、選挙でもその名前で当選しました。その就任演説の中でも、このモラレスというボリビアの大統領は、何度もゲバラのことに触れました。つまり闘い方は違うけれども、ゲバラはやはりラテンアメリカ全体あるいは貧しい国のため、そしてボリビアの解放のために闘って亡くなった人のひとりであると言っています。ボリビアにとっては、従来の価値基準からすれば、ゲバラは、自分たちの国であるボリビアに、ある意味で押し入って来た外国人なわけです。しかもそこで政府軍を相手に武器を持って闘った人間なわけだから、ボリビアのナショナリズムの立場からすれば、ゲバラというのはとんでもない人間だということになってもおかしくない。にもかかわらず、いまは大統領自ら就任演説の中でそのように演説している。

ゲバラはいまでも世界中の人びとが多くの関心を寄せる人なので、とうとうボリビアで彼が死んだあたり、ゲリラとして行軍したあたりは観光ルートになってしまいました。ホテルが建って土産物屋ができて道路などのインフラ整備がされています。今でも彼の命日、十月九日前後には世界各国からいろいろ観光団が——それがいいかどうかは別として——やってくる。そんなふうにまでなってしまった。僕は、ゲバラが亡くなって七、八年後のボリビアにしばらくいたことがありますけれども、その時はとてもじゃないけれども、彼が死んだ南東部のあたりまで行くというのは容易なことではなかった。しかしいまは観光ルートにまでなっている。それは一つの大きな変化ですね。そういう時代の流れということも頭に入れておいてほしいと思います。

「新しい人間」という言葉もゲバラは使いました。先ほど言ったように一九六〇年代というのはまだ世界的な規模で見て社会主義というものに対して、その未来に対して、希望や夢を託すことができた、そういう時代であったと思います。ソ連の恐るべき現実はいろいろ見えてきたけれども、キューバのような新しい社会主義の動きもある。ソ連型の社会主義の間違ったところを乗り越えたり矯正したりしながら、もしかしたらもっと人間的な新しい社会主義が可能だということを、僕は当時も信じていたし、そういう中で彼は「新しい人間」という言葉を使った。彼によれば資本主義社会というのは人間が人間の敵である、競争原理で人を蹴落として自分が一人這い上がる、それによって満足感が得られていく、それをよしとする社会である。人間はそのようにしか生きられない、それでいいじゃないかとする、そういう社会であるだろう。ところが、社会主義社会というのは、そのような価値観の転倒が行なわれるわけだから、それこそ先ほど現在のラテンアメリカの国家間関係で示したような、相互扶助とか連帯とか共働とか、人を蹴落とすのではなく助け合う、それぞれの個性のある人間同士がいろいろ補いながら助け合って、どのように調和のとれた人間社会を作り上げていくのかを考える社会である。それは権力のある者、金のある者、生まれ方において何か特権的な場所にあった者、そういうものが既得権をもったまま生きていく社会ではなくて、より人間的な社会になるためにはどうしたらいいのか、ということを考える社会です。

ゲバラとは、そういうことを考えた人だったんですね。彼の人生はあまりにも短すぎたから、この「新しい人間」というのはいったいどういう具体的なイメージを持つかということを展開するまでにはいかないで亡くなりました。でもこの言葉は、非常に新鮮な響きを持っていた言葉ですし、それは今でも意味を失っていないだろうと、僕自身は思っています。つまり、このような現実が、今までの競争原理とは違う、新自由主義とは違うこのようなありかたが人間社会の中に現実に生まれているわけですから、このような人間関係、社会関係を求める人びとの試みというのは、なおリアリティがあるわけですね。そういう中で、ゲバラが言ったような志が生きていく可能性はまだまだ残っているのではないかなというふうに思います。

それから、彼が非常に強烈な形で行なったのは、大国主義に対する批判でした。アメリカ帝国に対する厳しい批判を行なったのはもちろんですが、ソ連に対する批判を行なったというのもやはり社会主義大国としてのソ連の行動があまりにも目に余るという、そういう思いがあったのだろうと思います。

十三、G8＝大国八カ国で、世界のあり方を決めていいのだろうか？

そういう観点からいま世界を見ると、どういうことが言えるかというと、ソ連が崩壊してグローバリゼーションの始まった一九九〇年の頃のことを言うとすれば、超大国としてはG1、もうアメリカ一国しかなかった。その時代が始まったというふうに言うことができます。その後どうなったかというと、G7ですね。G7の国、全部わかりますか？　アメリカ合衆国、カナダ、日本、フランス、統一ドイツ、イタリア、イギリス。この七カ国でG7。毎年一回首脳会議が開かれてきました。それから社会主義体制が終わってソ連からロシアになった、資本主義が全面的に復活したロシアという大国が加わってG8という会議が行なわれました。二〇〇八年に北海道の洞爺湖で行なわれた会議も、G8と言われました。二〇〇九年になってG20ということになった。〇八年の洞爺湖サミットの直後に起こったアメリカの金融危機をどのように収束するか、そういうことを考えるためには、中国とかインドとかブラジルとか韓国とかインドネシアとか、もう少し参加国の範囲を広げて広い国際会議で物事を考えないとわからなくなった、というふうに先進国自身が認めました。これはとりあえず政府レベルの話です、民衆レベルではなくて。でも今後は、G192という発想に行き着くでしょう。これは今の国連加盟国の数ですね。G8、こんなものはもう終わった。7でもない8でもない、つい最近行なわれ始めたG20ですらない。もう全部の国々が同一の立場で特権なしに話し合う。一国一票の原則で話し合うような国際会議を徹底しなければ、いまの事態は切り開くことができないんだというところに、だんだんとなりつつあるわけです。

これを推進しているのは、現在の国連議長のデスコトという人物です。ニカラグアで、サンディニスタという社会主義的な革命政権があったときの外相です。そのサンディニスタ革命は途中で失敗して政権は覆るんですが、その時の志を持っている人が国連議長になっている。いままたニカラグアの政権が復活して、そういう立場の人が国連議長になると、こういうイニシアティブが復活するわけですね。だから、やはりある時代の中で、しかるべき人が出てきて、きちっと問題提起を行なって物事を進めていくと、だんだんと世の中は変わっていくということを、これは示しているわけです。

これもゲバラから見たら、とても感慨深いことだろうと思います。彼は、大国がなぜ特別の権利を持っているかのようにして、これだけ小さな国の人びとの生存権をないがしろにして支配するのか、ということを非常に許しがたい思いで見ていた人間の一人です。ですから、さまざまな紆余曲折や試行錯誤を孕みながらも、しかし事態は変わってきている、と実感できることは大事なことです。この変化が、今後どうなるかはわかりません。まだいろいろな揺り戻しもあり得るわけだし、これからもせめぎ合いがあるわけだから、いまこうだからといって未来は明るいというふうには、残念ながら、すぐにはいかない。しかし、いくらか長い射程をもった歴史的な展望の中に事態を据えると、この変化は何を意味しているのか、と考えることは深い意味をもっているのです。

十四、誰にとっての「自由」か、を問わなければ

グローバリゼーションというのは、自由化というのをひとつの大きな柱にしています。自由化はどういう形で現れたかというと、たとえばいま世界各国で行なわれている問題として考えると、自由貿易圏の形成ということがあります。自由貿易圏というのは何か。各国はそれぞれ自分たちの国でできる産品を保護するために、外国からの輸入品に関税をかけて外国商品の競争力を削ぐ、それによって自国の産品を保護する。そういう形でさまざまな貿易関係は行なわれてきたわけであります。それが世界的な規模で経済活動を活性化する上ではずいぶんと大きな障壁になっている、というのが新自由主義経済学者たちの考え方です。ですから関税障壁をなくしていこうとする。それを撤廃して、自国の産品も他国の産品もすべて自由貿易の原理の下で競争させて、それでやむを得ず市場から淘汰されるものは仕方がないではないか、自由貿易競争の中で勝ち残るものがいいものなのだ、という考え方

です。それを受け入れなかった、別な体制を作ろうとしたソビエト社会主義はあのように負けたではないか、失敗したではないか。やはり自由貿易を原則とした資本主義的な考え方が絶対に正しい。それを貫徹するためには、規制緩和はある程度進んできたので、自由貿易という原理を世界に普及させようということになったわけです。それはもちろんアメリカ主導です。アメリカの多国籍企業の主導なわけですね。

一九九四年、この年に、アメリカ合衆国、カナダ、メキシコ、三つの国で自由貿易協定が発足しました。スペイン語ではTLCというんですが、英語ではNAFTAと省略されます。North American Free Trade Agreement ですね。直訳すれば、北米自由貿易協定ということになります。これは、発効のときから十五年かけて、つまり二〇〇九年の今年ですね、この十五年の間に、カナダ、アメリカ合衆国、メキシコのそれぞれの産品を、この三国内で互いの関税を撤廃してすべて自由貿易にしようという、そういう協定です。これは実際に発効して今日に至っています。この考え方がだんだんと世界に広まりつつある。いまは一気に地域で自由貿易協定ができるというようなことは簡単ではありません。ブッシュ大統領が考えた南北アメリカの米州自由貿易圏構想は頓挫しましたから。だから、いまは二国間でやろうということです。とりあえず世界的な規模でそれができない限りは、二国間協定でやっていこうということで、日本もずいぶんいろいろな国と自由貿易協定を結んでいます。

この自由貿易が孕む問題が、何を象徴しているかを考えたいと思います。ひとつは、農産物資源にまで拡大して、現在の自由貿易の趨勢ができている。アメリカ合衆国やオーストラリアのように、大規模集約農業で非常に大量の農産物生産を行なうことができる国は、国内市場ですべての農産物を消費することができません。どうしても余剰が出る。ですから、ほかの国に、うちの小麦を買え、とうもろこしを買え、米を買えと言ってさまざまな圧力をかけます。これが自由貿易の原則ではないかといって、それを理論的な武器にして、他国に攻勢をかける。このアメリカの攻勢によって、日本もこの間さまざまな農業分野を市場開放したので、アメリカを初めいろいろな国々の産品が入るようになりました。これをどういうふうに考えるのかというのは、いろいろな側面から見なければならない。

ひとつにはやはり食糧というのは、人間にとって非常に根本的な問題です。「地産地消」という言葉で象徴されるように、その土地で産したもの、生産されたものをその地で消費するというのが、食の安全ということからすれば基本的な考え方です。そのようなことを無視したから、いま食料をめぐるさまざまな問題が起こっているのではないか、という考え方がありえます。また、ある土地で採れたものをたくさんの燃料を使って遠方に運び、遠方にいる消費者が口にする、そういうあり方が、ここまで環境問題が大事な問題になっている段階で、果たしていいことなのかという考え方があります。それからすると、自由貿易のような考え方をどういうふうに考えるかというのが、いまの大きな問題になってきます。

この間大きな問題になって騒がれている、豚インフルエンザ、新型インフルエンザの問題もそうです。あの報道を僕が最初に聞いた時に、僕は瞬間的にこのＮＡＦＴＡ、北米自由貿易協定を思い出しました。なぜかというと、最初の発生地がメキシコであった。患者が拡大したのがアメリカ合衆国とカナダであった。そして二〇〇九年である。この三つを考え合わせると――これは勘、あるいは推察ですから、いまの段階で論理的な根拠があるわけではないですが――この三国の自由貿易協定を思い出してしまうわけです。この新しいインフルエンザがメキシコのどの町で最初に発生したかというのは、日本の新聞でもＮＨＫのニュースでも一回だけ触れたことがあります。メキシコのベラクルス州のラ・グロリアという小さな村です。その村がどういうことになっているかということですね。自由貿易協定というのは外国資本の積極的な導入も可能になったことを意味しますので、このＮＡＦＴＡが発効した一九九四年以降、いままでメキシコで機能していたさまざまな規制が撤廃されました。農地を外国に切り売りすることもできるようになって、外国資本がメキシコの農地を手に入れることができるようになり、アメリカの資本がさまざまな企業活動ができるようになったわけです。それで、そのラ・グロリアというベラクルス州の小さな村に何が来たかというと、世界でも有数のスミス・フィールドというアメリカの養豚会社が来たわけですね。養豚業というととても牧歌的な感じですけれど、これはもう極度に工場化された養豚業です。そういうアメリカの養豚業の大企業経営が入ってきた。

僕はこのニュースを聞いてすぐ、メキシコの新聞にインターネットでアクセスしてみました。新聞の報道の一つによると、そのラ・グロリアの村人たちはＮＡＦＴＡ締結以後の十四年間、このアメリカ企業の養豚業の仕方に関して非常に大きな不安を抱いていた。つまり病気で死んだ豚の死骸が工場の外に無造作に転がされていたり、豚の糞尿の処理がなされていなくて付近の川が汚染されたり、要するにこの会社は利益の効率だけを求めて、あとのことは処理しないわけです。そのようなことがこの会社のまわりでいろいろ起こっていた。メキシコの村の人たちは、豚を飼うときはもっと大事に一四一四の豚を扱ってきたわけですね、生き物として。だからこのアメリカの養豚の工場はいったい何なんだろうと、村の人びとは思ったわけです。彼らが不安になるような現実が十四年間続いてきていた。しかし、村の人びとの訴えに対して、メキシコの州政府は一切関わろうとしなかった。この工場側ももちろん何の誠意ある回答も示さなかった。ですから、この村で豚インフルエンザが発生したということは、どうしてもこのアメリカ資本の養豚会社のやり方と何か関係があるのではないかという気がしてしまうのです。繰り返しますが、確定的に言える条件を、現段階では僕は持っていません。ただこのような情報があるということを有力なひとつの仮定として、きちんと報道していくことがどうしても必要だろうと思うのです。

つまりある資本の、外国資本の活動が自由になって何でもできるということは、もしアメリカ合衆国のように驕り高ぶった大企業が、つまり自分以外の国に対する蔑視感をもつ大企業が、メキシコなどで利益の追求だけを目的に生産活動を行なったときにいったい何が起きるか、ということですね。一九六〇年代、日本で水俣病を中心としてさまざまな公害が大問題になった。そうすると一九七〇年代に日本のケミカル企業はアジアに工場立地を求めるようになりました。フィリピンやタイなどの国々に化学工場を移転し、そこに公害を輸出して現地でまた新たな問題を引き起こす。そうすると日本での公害汚染はなくなったけれども、単に他の国に公害を持っていっただけじゃないか、という非難がアジアの国からたくさん起こった、そういう経験がある。そういう先進国のひとつのあり方を日本が示した。アメリカ合衆国の今までのあり方を見ても、その政治的な、軍事的な、経済的な振舞い方の中に、同じような傾向が見て取れるわけです。そうすると、この新型インフルエンザの問題の発生源の問題として、このような問題と結びつけて考えるのを、ひとつの選択肢として考えておく。もし本当にこの線が固まってきたら、一体このような不平等な形で実施される自由貿易という協定は一体何なのか、というところまで捉え返しがいかなければならない。そういう問題をひとつには孕んでいるわけです。

それからひとつどうしても触れておきたいのは、新自由主義的な観点で物事が進んでしまうと、多国籍企業という国家を越えるような力を持った先進国の企業活動というのが、絶対的な優位に立って世界をかき回してしまうということです。現実に、そういう事態が起こっているわけですね。その中の重要な問題として、資源の問題があります。資源の一つの重要な問題として、水の問題があります。水というのは飲める水ですね。飲み水というのは生命体としての人間にとっての、あるいは農業にとってもですね、非常に重要なものです。それなくしてはだれも生きられない。しかし多国籍企業は、なんでも商品化するわけです。水も含めてなんでも商品として取り扱うことができると考える。このように何でも商品化して市場原理に委ねていけばいいという考え方が、どういうところへついには行ってしまうかということですね。

水道事業というのは、多くの場合官の事業として、どこの国でも公共事業として行なわれていたわけです。生命を維持するために誰にも不可欠な水は、公共事業として管理していた。それが新自由主義の世界的な趨勢として、やはり企業化というかお金のあるところが水ビジネスというものを作り上げてどんどん進出する。それから特に新自由主義経済政策というのは先ほど言ったように外資の積極的な導入というのを前提としていますから、それはどんな企業活動も買収できる、あるいはある国の農地をどんどん買い上げてしまってそれを勝手に使う、外国資本の利益のもとにそれを自由に使うことにしてもいいと、そういう原理が世界共通の原理として貫徹していっていることを意味するわけです。それが水に対して行なわれ始めているということになると、どうなるか。

たとえば、ゲバラが死んだボリビアという国にはコチャバンバという人口規模第二の都市がありますが、今から八年前、そこの水道事業を外国企業に売り渡すという、そういう当時の政府のプランが出ました。それはどういうことになるかというと、結局その地元住民のための水、飲み水をよそに売るということになるわけです。飲み水の必要な地元住民のことは考慮の外において、より金になる所に輸出産品としてその水を売るということになるわけです。権利を買い取る多国籍企業からすれば、その水をもっと利益になる外国に売り出す。その水を飲んで生きている地元の住民の生活の不都合や生存は考慮しないでいい。そういうことを認める法案を、当時のボリビア政府は作って、そのような法案を通そうとした。当然地元の住民は反対しました。反対集会やデモを繰り返し、何十人もの人がそのデモでは亡くなったりしましたが、とうとうその法案を撤回させせました。

それから、これはいまいったん頓挫しましたけれども、多国籍企業はもっとすごいことを考えていました。というのは、多国籍企業それから先進国は、二十世紀末には多国間投資協定というのを準備していました。これは何よりも多国籍企業の活動が優先される、外国にどれだけ自由に投資してもいいということで、営利のための自分たちの活動の自由をどこまでも広げようということです。たとえば多国籍企業が日本に行く、ボリビアに行く、中国に行く。そこまでの自由はすでに認められていたわけですが、その先に、たとえば日本の国内法、あるいは地方自治体が持っている地方の条例が、彼らの活動の自由を阻むことがある。そのような、多国籍企業の活動を制限するような項目が、国内法や地方条例にあった場合には、自分たちの企業活動が著しく阻害されてしまうわけですね。だからこの多国間投資協定というのは、どんな国内法にも、ある国のどんな地方自治体の条例にも、多国籍企業の経済活動は拘束されない、という条項を組み入れようとしたのです。つまり彼らの経済活動は、何事にもまたどんな法にも超越できる。世界に一九二の国があるとして、それらの国のいろいろなところで、ある企業が投資を行ない、さらに活発に企業活動を行なおうとするときに、それぞれの国には、投資の足かせになるような憲法があったり、さまざまな国内法があったり、地方条例がある。しかし、それはもうまとめて問題外だと、自分たちの企業活動の自由は、それを超えてどこまでも保証されるべきだというわけです。これは、世界各地のＮＧＯが展開した必死の抗議・抵抗の運動によって阻止されました。

この、あるものに取り憑かれてしまったような人たちの考え方は、ついにそこまで行ってしまうんですね。だから、このやりかたを金融的に突き詰めていって今回破綻したわけです。その破綻規模があまりにも大きかったので、いま世界が金融だけでなく製造業を含めて大混乱に陥っている。だからはっきりと、現代資本主義、グローバリゼーションという名の現代資本主義もまた失敗したんだ、ということができると思います。これだけ世界中の人びとをさまざまな困難なところに追い込み、自殺を誘い、路頭に迷う人を多くして、ホームレス人口を増やして、人間間の関係をここまで冷たいものにして、相互扶助の精神も連帯感もなくしてしまった現代資本主義は失敗であった。そういう形で現代資本主義も大きな壁に突き当たっているというのが、今の時代だといえると思います。

食糧援助というのは非常に美しい言葉で語られることが多いけれども、たとえばいまのような時代になると、どこかのアフリカの地域で飢饉があり飢餓が蔓延しているということになると、ある多国籍企業の食料品会社が遺伝子組み換えの作物あるいは食品をそこに押し付けて、食糧援助と称してそれを配給する。遺伝子組み換えの食品をそうやって人体実験するわけです。このようなこともグローバリゼーションの下では行なわれています。遺伝子組み換え作物に関しては、まだまだいろいろな意見が飛び交っている段階です。安全だと言っている人たちも、その先を見通しているわけではない。まだいまは、動物を実験材料にして、あるいは具体的に生きている人間を実験材料にしてテストしているような段階ですから、もしかしたらこれを食べていると、何十年後かの人類の中に異変があり得るかもしれない。環境にも異変が出るかもしれない。それは、安全だと言っている人間自身も確信が持てない、そういう段階のはずのことです。

どうしてこのようなことがグローバリゼーションの名で起こってしまうのか。種子の問題もあります。種子を独占している多国籍企業があって、これがもう農民が独自に採取した種を使うことをまかりならんというような形で規制をかけて、自分たちが一手販売している種子を使うことによってしか農業労働をできなくしているわけです。そういうひとつのシステムを作り上げてしまう。そういう圧力と言いますか、それも起こるわけですね。

このように、たくさんの問題がグローバリゼーションという一つの圧倒的に力の強い動きの中には孕まれているわけです。だからこのような強い経済力を持った国がいいように貧しい国を支配するようなあり方、それと戦うために、ゲバラという人間はあの一九六〇年代の過程の中で問題提起を行なった。理論によって問題提起を行ない、実践によってその具体例を示そうとしたということが言えると思います。

十五、戦争も、グローバリゼーションのひとつの現われ方だ

最後に一つだけ触れて終わりたいと思います。これまで話したグローバリゼーション、それはときどき戦争の問題にも触れましたけれども、基本的には経済の問題で話してきました。グローバリゼーションというのは、世界をひとつの原理によって支配するということですから、いろいろな形でその支配というものは貫徹していきます。その支配を貫徹するためには、軍事・戦争というものがどうし

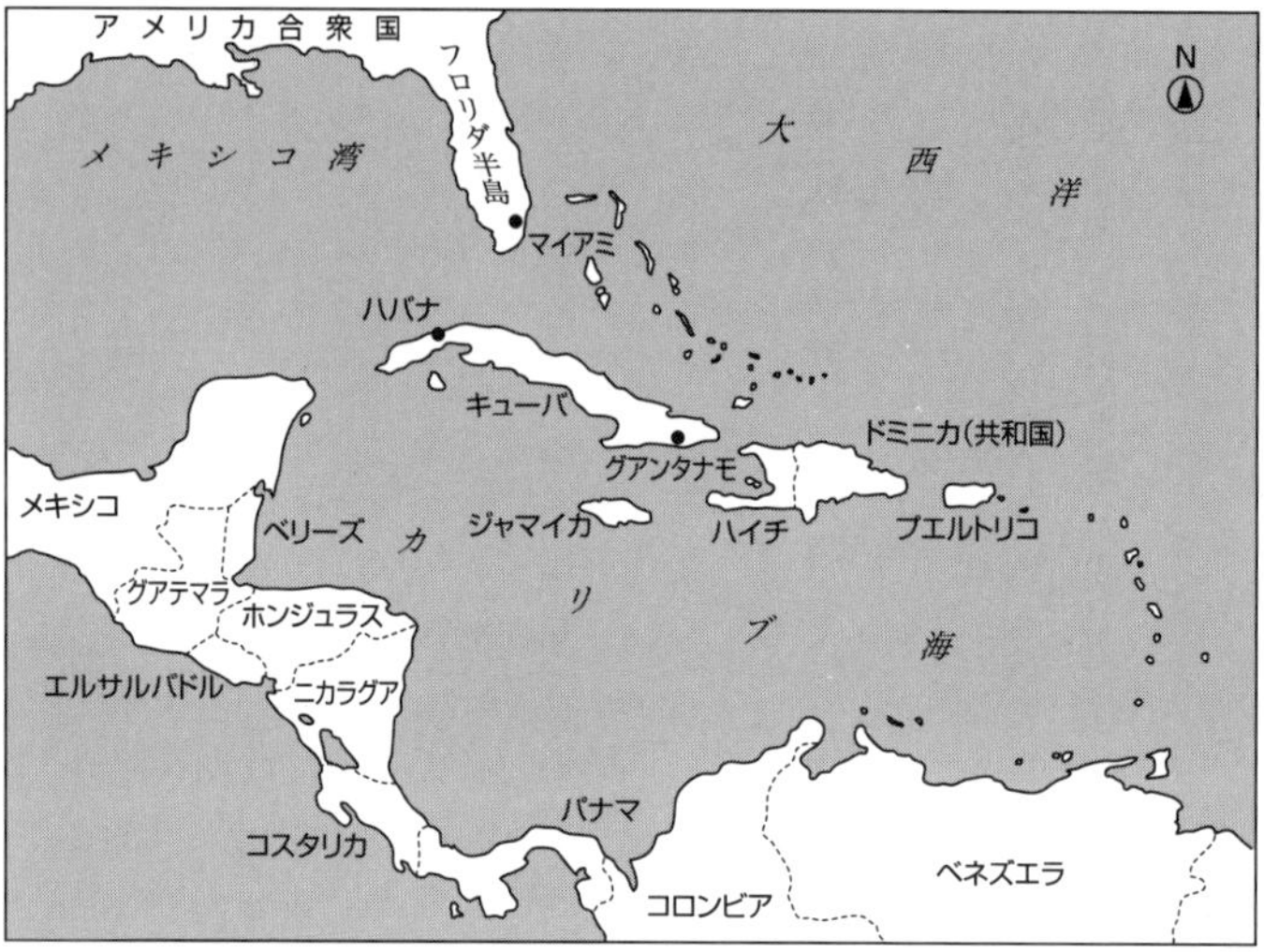

ても呼び出されてしまうわけです。合衆国にオバマという大統領が就任して、新しい政策を一部には打ち出しているかに見えます。ただ、軍事的なことについては、アフガニスタンに対する政策を見ていると、あいかわらず人びとを殺傷し続けている。爆撃は行なっていますし兵力も増加していますから、はたして彼が本当にアメリカの大国主義的な政策を改めて、新しい価値観を生み出すような政策を今後の四年間実施することになるかどうか、まだ確言できないと思うのです。

オバマが打ち出した政策の中に、キューバのグアンタナモ収容所を閉鎖するという方針があります。これがフロリダ半島です。これがキューバ島で、ハバナという首都はここにあります。グアンタナモ基地というのはここにあります。なぜキューバという社会主義の国の中に、つまりアメリカと五十年間敵対関係にあった国の中に、グアンタナモという米軍基地があるのか。これは非常に不思議な話です。この問題を最後の説明にします。

このグアンタナモには、いま基地労働者、家族を含めて一万人を下回る程度のアメリカ軍人と家族がいるといわれています。革命後の五十年間も、それは変わらなかった。周囲は有刺鉄線で囲まれ、非常に厳重な警戒が行なわれている。カストロたちは一九五九年の革命以降何度もこの基地を返還するよう、アメリカに求めています。アメリカ合衆国はそれを認めないでここに居座っている。どうしてこんな関係になったのか。これも、あるひとつの時代の中でのグローバリゼーションの表れが現在にまで及んでいる形です。

一八九八年、キューバはスペインの植民地下にありました。アジアのフィリピンもスペインの植民地下にあった。沖縄の軍事基地の移転問題でいろいろ話題になることも多いグアム島、今アメリカの下にありますが、あのグアム島もスペインの植民地支配を受けていた。キューバの近くのプエルトリコという、これも現在アメリカの下にありますけれども、スペインの植民地支配下にあった。ところが、一九世紀後半になって、キューバとフィリピンで独立運動が起こりました。もう少しでスペインの植民地支配を民衆が打倒するというところまで、キューバとフィリピンの独立運動は高まった。ところが、スペインが独立運動に敗北しそうだというその情勢を読んで、アメリカ合衆国はスペインに宣戦を布告しました。ある軍事的なトリックを用いて、アメリカ軍の艦船が攻撃されたという口実でスペインとの戦争に入ったわけです。

そうするとどうなるか。いままでキューバとフィリピンの民衆による反スペイン独立抗争だった戦争の局面が、アメリカ合衆国とスペインの戦争になってしまった。独立運動も吹っ飛んでしまった。十九世紀末といえば、アメリカ合衆国はインディアンに対する国内殲滅戦争をほぼ終えていて、国内統治を完成させた段階です。非常に国力を増してどんどん世界に出て行こうとしていた。その力によってスペインをすぐ敗北させた。講和交渉は、キューバとフィリピンの人びとの頭越しに、スペインとアメリカの間で行なわれました。スペインはお金によって、グアムとプエルトリコとフィリピンをアメリカに売りました。キューバは形式的な独立は認められたけれども、実質的にはアメリカ軍の軍政下におかれました。

新しいキューバは、実際に一九〇二年に新しい憲法を制定して独立の歩みに入ろうとしたのですが、この当時大きな力を持っていたアメリカ合衆国は、この憲法の中に、キューバはここの基地、グアンタナモをアメリカ軍の基地として提供するという一項を入れてしまったわけです。そしてこの条約をなくすことができるのは、両国間の合意においてのみであるという強引な決まりを作ってしまいました。キューバは抵抗しなかったわけではない。抵抗しなかったわけではないけれども、抵抗の動きがあると、いつでも軍事占領できるんだぞという脅しをかけられました。それで、結局それが通ってしまった。それが今の二〇〇九年、つまり一世紀を経た後もこのグアンタナモ基地が米軍基地として残っている理由です。

一世紀以上というのは、この当時の人間の平均寿命からすると、三代か四代にわたる新しい世代が移り変わっていく、そういう長い時間幅を意味します。その一世紀の歴史の中では人びとの価値観は変わるし社会のあり方も政治のあり方も変わっていく。それほど長いこと、ある国の基地を提供させるというような協定を結ぶのは、とても異国間の対等な関係を尊重する真のあり方ではない。きわめて大国主義的な押しつけ、グローバルな力を持っていることを「ざまあみろ」と押しつけるようなあり方、それがここにアメリカ軍の基地がいまでもある理由です。そして、アメリカが無謀な戦争を始めた八年前、具体的には〈九・一一〉以後にアフガニスタンを攻撃したとき、彼らがテロリストと名づけたアルカイーダとかタリバンとか、その兵士たちをたくさん捕まえました。そしてアフガニスタンのカンダハルという南部の都市からアメリカ軍用機で直行便を出して、その捕虜たちをこのアメリカ軍のグアンタナモ基地の中に設けた収容所に収容したわけです。カンダハル↓グアンタナモという直行便というのは、恐るべきグローバリゼーションの一現象形態です。僕は、このニュースを知ったとき、グローバリゼーションのもっとも暴力的な現われ方を感じて、少なからぬショックを受けました。

なぜ外国にある基地の中に収容所を作ったか。これもやはり非常に驕り高ぶった大国のグローバリズムの表れだと思います。つまり自分の国の中にある、アメリカ合衆国の中にある基地の中に捕虜を閉じ込めておいては、いつアルカイーダやタリバンが米国本土に攻撃を仕掛けるか分からない。キューバに置いておく方が攻撃を受けないだろう。当時の国防長官のラムズフェルドはそういう計算をしたと思います。そしてこの常夏の熱帯の国の中にフェンスで囲まれた収容所を作り、灼熱の太陽に照らされる中に捕虜を閉じ込め、イスラムの人たちである彼らの宗教的な信条の拠り所であるコーランを、彼らを精神的に傷つけるために、便器に投げ捨てるような、いろいろな精神的・身体的な虐待を繰り返しながら、四百人から五百人の捕虜たちをここに収容してきています。

これが、ブッシュ政権がやっていたことです。オバマのような一定の改革を行なおうとする人間が、この収容所を撤廃するということを就任直後に言ったのは、ある意味で当たり前のことです。ただ僕が考えるに、この人は、ここの軍事基地を撤廃するまでの意思はないでしょう。そこまでいった時には、アメリカ合衆国の中で自分たちの、十九世紀、二十世紀の世界を撹乱して来たグローバリゼーションの極致としてのアメリカの大国主義的な振舞いを本当に反省し、対等で公平な公正な国際関係を、あらゆる国との間に結ぶんだということを示すことになる、そのときが来るんだというふうに思います。いまのように、グアンタナモ基地そのものではなく、収容所の撤廃だけで終わらせるというようなことでは根本的な解決にはならない。

このようにグローバリゼーションというのは、大国が力ずくで弱い国をねじ伏せて、さまざまなゆがんだ経済的・軍事的・政治的な力を及ぼして、自国の利益を増大させようとする、ということだといえます。さらに文化影響的な——文化影響的なというのは、僕はたとえばハリウッド映画とかディズニーの漫画とかディズニーランドとか、そういうものを意味しているわけですが——力もつけ加えたいと思います。それらは楽しんで利用することもできるし、楽しんでそれらの映画を観ることもできるけれども、あそこで貫徹している価値観が世界の人びとの頭に巣食ってしまったときに、乗り移ってしまったときに、いったいどのような価値観となって表われるかというのはおおいに問われていいと思っています。つまりハリウッド映画にもいろいろあるとは言っても、それはフランス映画、イタリア映画、日本映画など他の国々の映画が持っているような多様性というのは極めて少なく、非常に画一的な、ある種の暴力を肯定的に描く、そのようなものに満ち溢れているわけですが、そういうハリウッド映画の価値観が、人びとに自分のものとして内面化されたときに、何が起きるかということですね。

ともかく、人間生活を司るあらゆる分野で、あまりにも強大な影響力をふるってアメリカ中心のグローバリゼーションというのがここまで貫徹してしまったわけです。それがいまようやく経済的には破産したんです。軍事的にもアフガニスタンやイラクに見るように、やはり失敗したといえるだろう。一九七五年のベトナムの失敗にも懲りず、アメリカはあいかわらず軍事的グローバリゼーションを実践してきたわけですが、それも改めて失敗したと言えるだろう。そういう意味で、世界はいままで私たちが知らなかった未知の段階に来たので、いまこそ人間が共に生きていく上での、共生していく上での原点に立ち戻って、いったいどんな原理でこれからの社会を作っていかなければならないのか、そういうことを考えていく、そういうきっかけにしていきたいなと思うわけです。

みなさんも名前を知っていたり読んだこともあると思いますが、マーク・トゥエインというアメリカ合衆国の作家がいます。『ハックルベリー・フィンの冒険』や『トム・ソーヤーの冒険』など、十九世紀後半のアメリカ社会の若々しい活気を描いた面白い小説家です。先ほど触れたように、一八九八年にアメリカは、独立しようとしていたフィリピンの民衆が戦っていた時、スペインに戦争を仕掛けてそれを破って、すぐこのフィリピンに介入しました。それで非常にむごい戦争をやって、フィリピンを屈服させた。その時マーク・トゥエインは、アメリカ合衆国がフィリピンで行なっている現実を知って、非常に衝撃を受けて、きわめてまっとうな反戦論、戦争反対論を展開しました。彼が行き着いたのは、自分が多数派であるというふうに自覚した人は、そのあり方を疑ってみなければならない。つまり多数派であるということ、力を持っているということ、自分がそっちの側にいるというふうにわかった時には、そのあり方を疑ってしかるべきだという言葉を残した。物事をいろいろ考えていく原点というのは、そういうことだと思います。力を思う存分振るって、人を暴力的に支配して屈服させて、自分のところにすべての物をかき集めるようなことではなくて、どうやって対等な関係で生きていけるか、そういう条件をどんな厳しい中にあっても考えるということ、それがどうできるかということに私たちの未来がかかっている。

それは多様な形で実践されているでしょう。日本のどんな社会の中でもその例を見ることができると思うし、国際政治の中でも先ほど言ったようにラテンアメリカの現実の動きの中で見ることができるし、いろいろ目の前にある現実は非常に厳しいものもあるけれども、それにあきらめることはない、たくさんのやることがあるだろうという思いを伝えて、とりあえず私の話を終わります。ありがとうございました。（拍手）

質疑応答

東アジアの中で日本を振り返る

問　直接今日のお話に関係ないかも知れないんですが、先日アフリカで戦争をしている地域に入って武装解除を目指す女性のことをテレビで観たんですが、そういった紛争地域のことを知って、一八〇度価値観が違うといいますか、一方では命をかけて守らなければならないものを一方では命をかけて奪わなければならないという、そういった紛争の情況を観たんですが、そういった価値観が、私たちが知らない価値観がある中で、そういった地域に飛び込んでいくのは、なんて言いますか、紛争を激化するという一面も持っているのではないかなと思ったんですが、その一方で、先生のお話にもありました通り、グローバリゼーションの被害となった国々でそういった紛争が起きているというのは、先進国に暮らす私たちには放っておけないことだと思いました。それで今後私たちがそういった国々とどう関係していくべきなのかということを聞きたいと思いまして、先生の意見をお願いします。

太田　今あなたが触れられた、テレビ番組ですか、観ていないのでちょっと具体的にどういう状況かわからないのですが、そうですね、何か自分の胸に突き刺さってくる問題があったときには、具体的なことを手造りでやってみるということが大事だと思います。規模も関わる人も、どんな小さなものでもいい。実行できたこと、できなかったことが、具体的にわかることが大切です。それに着手すれば、必ず道は開けるというのが、僕がいろいろなことに関わってきたうえでの確信です。

いま僕は日本にいてアジアの中でのこととして考えているから、僕が気にかかるのはやはり、日本が抱える東アジアでの位置という形になってしまいます。来年二〇一〇年は日本が韓国を併合して百年目を迎えます。一九一〇年に日本は当時の大韓民国を併合した。植民地化したわけですね。来年でちょうど百年が経つわけです。韓国との間には一九六五年に日韓条約という国交正常化条約が結ばれているけれども、ご存知のように朝鮮民主主義人民共和国（北朝鮮）との間ではまだ何もなされていない。植民地化して、日本が戦争に負けて、朝鮮が解放されて、しかし冒頭に言ったように朝鮮戦争が起こって――というふうにずっと歴史を見ていった場合に、日本は何よりもまずアジア諸国との関係の中で十分なことを果たしていない、と僕自身は考えているので、そうですね、一般的にどこかの国際紛争やなんかがある中でわれわれはどうやって生きていくかという少し抽象的な問題の立てかたよりは、より具体的にアジアという規模で考えて、ロシア、韓国、北朝鮮、中国、台湾、そういう国々と、敗戦後六十年以上を経て、六十四年を経た今いったいどういう関係になっているか、そういう日本の近代史を通しての振り返り方がもっと重要、もっというかな、優劣をつける問題じゃないんだけれども、そちらの方を考えていく中で国際的な対立、紛争、それをどういうふうに関わっていったらいいかという問題を解く鍵が出てくると思うんですね。

つまり、今日話してきたグローバリゼーションの問題というのは、植民地獲得という歴史的現実が非常に象徴的に関わってくる。つまりある国がどこかに出かけていくと、その国にとってはそれだけグローバルになるわけですよ。日本が樺太を占領する、台湾を占領する、朝鮮を占領する、それでもう、あの戦争の遂行者たちはとんでもない妄想的な大東亜共栄圏というものを考えたわけです。それで実際にフィリピンもベトナムもインドネシアもオーストラリアのちょっと北にある、いま東ティモールとしてこの間独立した国も、あのあたりまで全部日本はいっとき軍事占領をしていたわけですから、それぐらいのアジア太平洋規模のグローバル性をもった、非常に誤った構想で地図を描いてしまったわけです。それをまだ十分日本は現代史の中できちっと克服していない、精神的にも。関係としても、十分謝罪をした上で補償をしていないことがたくさんある。しかも、そういう歴史を認めない者がどんどん日本の歴代の首相になっている。外相になってつまらない発言、非常に間違った発言を繰り返している。それがいまなお同時代史として繰り返していることですから、やはり植民地化とか侵略戦争とか、そういう問題を伴うグローバリゼーションというもののあり方を、それをやった側の国の人間が自分の問題として考えていく。どうやって償いが可能なのかということを考えて行く上で、さまざまな国際的な紛争や戦争に対する基本的な考え方が定まっていくと思っています。

問　今回の講演で、これからの日本が目指す指標みたいなものが、なんとなく出てきたかと思うんですけど。日本が具体的にやること、アジアでの日本の外交とかお話しになったと思うんですけど、そうなったらやはり具体的な方法としては、日本の政府が中国の政府と折り合いをつけるというか、意見をすり合わすのが必要だと思うんです。そういうときに、具体的に日本の政府が中国政府とかに、北朝鮮の核の問題とかいうと、中国は北朝鮮の側に少し立った感じの発言をすると思うんです。そのときに日本の政府はどうするべきか、先生はどうお考えになるか聞きたいんですけれども。

太田　自分を国家や政府の立場において考えたり発言しないことにしているので、一人の社会人として、次のように言うことができると思います。占領下も含めて戦後六十四年間の日本の政治のなかでは、結局アメリカ合衆国の外交的な圧力からまったく自由ではない人たちが政治家になり、首相になり、外相になり、外務官僚のトップになってきた。アメリカと離れて何事かを主体的に考えるということを一切放棄してきたわけです。それが非常に大きな問題である、と僕は思っています。だからそれこそ、キューバのようにアメリカに対してもっと自立的になるような関係が日本も作れたはずだと思うんですね。キューバというのは非常に具体的な例になりますが、東京からすれば伊豆半島くらいしか離れていない。アメリカにそれほど近いところであそこまで反抗し抵抗して、でもキューバは五十年間アメリカに潰されることはなかった。やはり、ある地域の政府も民衆も、断固たる自分独自の方針を持って臨むならば、いくらアメリカのような横暴な大国でもそう簡単にはごり押しできない、というような関係を作ることができると思うわけです。

ところが日本はそれを一切してこなかったでしょう。だからもう自立的に考えることができないわけですね。それがわれわれの国が抱えている最も大きな問題だと思う。防衛政策にしても外交方針にしても、アメリカに要請されればアフガニスタン戦争にも加担すれば、イラク戦争にも加担する。ソマリアまで自衛隊を出してしまう。自分のはっきりとした路線をもてない。「戦力不保持・戦争放棄」を定めた憲法九条の力というものをもっと有効に発揮できる外交政策を、占領が解かれて以降の、一九五二年以降の日本政府がとってきたならば、もっと独自の平和外交によって、戦争を無くすための非常に大きな力を発揮できたはずです。そのような力を平和のために、多国間の対等な関係を構築するために発揮してきたならば、経済関係にしてもあるいは自由化攻勢にしても、いろいろな分野でもうひとつの外交力として波及していくものだと思うのですが、それができなかった。そこが非常に憤懣やるかたないというところですね。それは、仮に民主党政権になっても、どうなるかという具体的なイメージは湧いてこない。何よりも自立性、独自のビジョンを持つ、アジアとの関係ではアメリカから離れて、独自に果たさなければならない日本の問題があるんだということを、本当に自覚するところからしか問題は始まらないと思うんですよね。

つまり、太平洋を越えて遥か向こう側にある米国との関係だけを後生大事にしている現状を改める。米国との関係も大事だが、それは対等な関係性にするという意味で大事なのです。東アジア世界の地図を見れば、日本は「日本海」と名づけられている海の向こう側にある国々、つまり、韓国、朝鮮民主主義人民共和国、中国、ロシア、モンゴルなどとの関係をしっかりと築くことがなければ、生きてはいけないことは一目瞭然です。

私たちのなかの自立的な実践を

問　太田先生の南北問題とか民族問題の研究のことですけれども、いま世界では民族間紛争とかパレスチナの中東紛争とかいろいろありますが、民族によって、思想とか宗教とかいろいろなことが違うと思うんですけれども、そういう民族間の紛争がまったくなくなるような世界がいつか来る、ということがあると思われますか。

太田　いつのことになるかわからないけれども、人間が人為的に、人間の為す思想と行動によって作りかえることができることだから、そのような意味では、民族間の関係ということに関しても、必ず紛争なき世界にできると僕自身は確信はしています。ただ、歴史過程を見たり現実を見たりしたら、非常に難しいということもわかっている。だから、いったいそれがどのように可能になるのかということをずっと考え続けてきたし、いまも考えているわけですね。基本的には、エスノセントリズム、つまり、自民族中心主義という問題であると思います。大民族は特にそうです。中華民族を見ていてもわかるし、ロシア民族でもアングロサクソンでもわかるけれども、結果的に大きな国を形成するところに存在する大民族というのは、やはりとても傲慢な振舞いをしてしまいますよね。それに対して民族解放運動という形で、抑圧された側があるいは植民地になった側が一丸となって解放闘争を戦うという時期がずっとあった。

抑圧された民族の民族主義というのは、そのときには十分有効な形で発揮される。しかし、いったん自分たちが自分の国家を形成する中心的な場についてしまうと、その民族主義がまた何か別の問題を生み出してしまうということを、僕らは現代史の中で見知ってしまっている。一時期抑圧されていた民族でも、その民族主義が次にまた別な民族を抑圧することになる。玉ねぎの皮をずっと剥くように、複雑な重層構造で民族間の差別とか偏見とか抑圧というのは成り立っているというのがわかっているわけです。ですから、いったいこれはどのように無くすことができるのかというのは、僕もまだ見えてはいない。だから、自民族中心主義という考え方をどのように無くしていくことができるのかなというのが、キーポイントだとは思います。これをどう無くすことができるかというのは、試行錯誤ですね。宗教的な原理主義についても、同じことが言えます。同一民族だから、同じ宗教を信じているから、それだけで団結できる、一丸となれる、というのは虚偽意識だということは、日常的な生活意識の中で確認できるはずのことですが。でも、だいじょうぶでしょう、いつかは。

問　二つほど質問があるのですが、まずアメリカ合衆国が日本に対してさまざまな政策を押し付けているという話がありますけれども、そういうアメリカから、日本がアメリカからさまざまなものを押し付けられているという状況から日本が自立して脱却するためには、どういった方法があると思いますか。まず一つ目がその質問で、二つ目の質問として、グローバリゼーションの考え方というのはこれから、グローバリゼーション型の世界というのはこれからどんどん崩壊していくと思われますけれども、その際にどういう型でその崩壊が起こると先生は考えていらっしゃるか、キューバ、ゲバラさんが考えたようにキューバのように革命がどんどん連鎖してグローバリゼーションが崩壊していくのか、それともアメリカや日本とかイギリスなどの内部から自分たちが今までの考え方を訂正して、考え直して良くなっていくのか、そこを先生はどう考えていらっしゃるのか聞かせてください。

太田　小泉政権が実行した郵政改革というのも、アメリカ政府の年次調査報告書で言われたことを、その通りに小泉・竹中平蔵路線でやっただけだということは、いま明らかになっています。確かにこの自由化ということで考えれば、規制緩和とかいう状況をアメリカが押し付ける中で、日本にさまざまなことを条件付けしてきたということは事実です。それは別に経済的な問題だけではなくて、軍事基地の問題についても日米安保条約にしてもさまざまな圧力があって、それに主体的な立場をとらない日本政府と外務省がずるずると引きずりまわされていくというのが、残念ながら戦後六十数年間続いてきた現実であった。これは、基本的には主権者である私たち自身がどう考えて、どういう選択を行なうかということにかかってくる。基本的にはやはりアメリカ一辺倒の考え方、あの国に軍事的にも経済的にも依存していればいいんだ、そうすればやっていけるんだという考え方を、民衆レベルでどうやって止めるかということですね。少なくとも、そのやりかたではもはや経済的には成り立たない、という現実に私たちは直面しているわけです。軍事的にも、戦争を物事の解決手段だと信じて疑わない米国に追随していては、本来的にはだめな方向だということに、どうやって気づくかという問題ですよね。

つまり、これだけG1と言われた、アメリカがすべてを仕切ってきたソ連崩壊以後の状況というのは、もうG7でもG8でもやりきれなくなって、ついこの間はG20というインドや中国やブラジル、メキシコのような国々も含めた国際会議として現在の経済危機を切り抜けなければならないというところにきた。状況はさらに発展していて、今度はG192です。つまり一九二カ国の共同の会議を行なう。これは国連加盟国全部ということです。一つの大国が、あるいは七つ八つの大国が全ての世界を取り仕切るという時代はもう終わった、という具体的な状況がここまで進行しているわけです。だから、いまなおアメリカにのみ依存してすべてを発想していく、という日本の考え方は、世界からは相当ずれているわけです。アメリカのみに依存していくことをやめていく。まだアジアには、日本にとってはたとえば戦後処理すら終わっていない国が近くにあるわけです。だからアジアとの関係を大事にしながら、つまり日本の植民地支配と戦争の総括も終わっていない国があるわけだから、それをきちっとやった上で多国的な多面的な外交関係をどうやって平和のうちに構築していくかということが大事だと思います。そういう思想的な変換が、一部の外務省の官僚や愚かさの極まっている政治家たちだけではなくて、私たち民衆自身の中からこそ、そういう自立的な動きが出てこなければならない。それは選挙の形とか社会運動の形とか、さまざまな形でそれが具体化されなければならない。それが結局はそういうことに行き着くだろうと思います。

二つ目の問題は、かつてのような革命によってこのグローバリゼーションの崩壊過程が進行するということは、いまはあまりない状況でしょう。それはやはりアメリカ国内では、もちろん常にあの社会にも少数派ではあるけれども、現在のこのアメリカ的な社会のあり方、外交政策のあり方、経済のあり方について異議申し立てをする人たちは、少数ではあるけれども確実に存在はしていました。その人たちがもう少し大きな発言権を持って、アメリカ国内からアメリカ社会のあり方、価値観を変えていく、そういう運動がもっと力強く展開されることを、僕としては期待したいと思うし、また僕ら自身の問題としては、やはり崩壊した社会主義のインターナショナリズム、崩壊した資本主義のグローバリズム、それに代わるものはいったい何なのかということを、いきなり大きな理想を描くのではなくて、自分たちができるところからどんな具体的な実践があるのかということを考えていく。グローバリゼーション、新自由主義経済政策の中で一番疲弊しているのは、日本で言えば地方の都市であったり市町村であったり農業分野であったり、それから町工場や中小企業など、もっとも弱い、しかし確実な仕事をしてきた、そういう人たちが、現在の被害を一番もろにかぶっているわけだから、そういう問題に関わって同じ社会に生きているものとしてどんなことができるのか、というようなところから具体的には出発するしかないだろうと思う。それによって人間が、自分たちのスケールで見ていることができる、あるいは関わることができる、そうした小さな動きがいろいろな形でひとつの調和をハーモニーを形作る。ヒューマン・スケールということですね。経済活動もそういう形になっていかないといけない。グローバル企業の力任せの政策に、右往左往してしまうということをやめていく方向性は、そういうところにあるのではないかと思っています。

ゲバラならいまの日本になんと言うだろう

問　ゲバラがいま生きていたら、彼ならいまの日本に対してどういうふうな行動を取っていくというか。ゲバラだったら今の日本に何を期待するっていうことで、太田さんの意見をお尋ねしたいのですが。

太田　やはり彼が五九年七月に来日した時に言ったようにですね、なぜあれだけひどいことをアメリカ合衆国にされてもまだ言いなりになっているのか、ということですね。ゲバラ来日から五十年たっても日本はまだ同じ状態にあるわけだから、外交政策の問題としてはもっと自立的な政策をきちっと取りなさいと、もし憲法九条の示す通りに日本が外交政策をこの戦後史の過程の中でずっと続けてきていたならば、もっと違う形を積み重ねてくることができたのではないか。アメリカに言われるままに、ある国際紛争に軍事的に関わるのではなくて、つまりアフガニスタンやイラクや、またソマリアの海賊というふうに言われるものが現れた時にすぐ自衛隊を派遣するということで、どんどん軍事というものが社会生活の中に入り込んでくるような形ではなくて、もっと違うあり方があっただろう。これはアメリカ社会と同じことで、そうではない形を積み重ねることができたはずなわけです。それを繰り返し言うしかないですね。

ゲバラ自身は、必要であれば、軍事闘争が必要だと、そういう状況のところに民衆が置かれる時はあると信じて、ゲリラとしてずっと戦った人ですけれども、彼は同時に工業相や国立銀行の総裁として国家予算の執行の現場にあたる人間でもあった。だから一九六〇年の演説では、予算を執行する人間として一番悲しいのは、戦争のためのお金を出さざるを得ないということだと語っているわけです。しかしこれは残念ながら、キューバがアメリカ合衆国の軍事的な脅威の下にある以上は、一定の予算を戦争に備える軍事費として使わなければならない、というふうに彼は言うわけですけれども、しかしながらそれがいかに本来的には馬鹿げた支出であるかということをよく知っていた。戦争というのはこうやってだんだん日常化する、絶えず軍隊が外に出ている、もしかしたら死者が出るかもしれない、社会の成員の中に、戦地に夫や父親や子どもを送る家庭が増えている。アフガニスタンとイラクとの関わりで日本でももう数千家族になるでしょう、ずっと積み重ねていけば。ということは、つまりわれわれの日常生活の中に戦争的な雰囲気が入ってきていることを意味しているのです。これが戦争に慣らされて、アメリカ社会のように戦争を公共事業として、景気打開策として、しょっちゅう戦争しないともたないような社会になっていってしまうわけです。世界第二の経済大国である日本が、アメリカと同じ形になる可能性を持つ道を歩んでいるというのは、世界の平和にとっての大脅威です。ですから、なんとしてもこの動きを止めてほしい。ゲバラだったらそう言うでしょう。

あと、なんでしたっけ。アメリカですね。アメリカには、いいかげん目を覚ませよと言うしかないですね。本当にこんな横暴な振舞い方がなんで自分たちだけに許されるとあの人たちは思い込んでいるのか、そういう言葉を投げつけるしかないですね。アメリカの歴代の大統領は、民主党も共和党も十九世紀末以来、つまりいまに至るグローバリゼーションが始まる一世紀前の段階から、ものすごい言葉を語るようになったのです。つまりマニフェスト・デスティニー。「明白なる天命」という言葉を常に使って、世界にこのような形で、アメリカが獲得しつつある自由と民主主義の価値、これを広げていくのは、それを知らない他民族に、他国家の他民族に教え込むのはわれわれの神から定められた運命なんだ、というのがあの国の指導者たちの、政治指導者、経済指導者、軍事指導者の考え方で、それを彼らは一世紀の間実践してきました。それでうまくいったと思っているわけです。では、それは何によって担保されていたかというと、戦争によって担保されていた。つまり、自分たちの天命に歯向かう者がいると海兵隊を派遣し、現在であればミサイルを飛ばして、その相手をめちゃめちゃにしてしまう。広島のようにしてしまう、長崎のようにしてしまう、バグダッドのようにしてしまう。その恐怖におびえて人びとは自分たちにひれ伏すだろう、ということを信じて、現実にそういう時代が来たということを信じて、あの人たちは生きてきた。

その彼らにとっては、日本は格好のモデルなんです。原爆なんかであそこまでのひどい痛めつけ方をしても、戦後六十数年間きちっと日本はアメリカに歯向かいもせず、政府も皇族も――皇族はマッカーサーに命を助けられたから当たり前だけれども――、政府も民衆もみんな尻尾を振ってアメリカについてくる。アメリカ的な価値に一体化している一番の例は、日本なのですね。ですから、ゲバラなら、このような従順な国にならない、従順な政府、従順な民衆にならない。ゲバラは、アメリカにいい加減にしろと言うと同時にですね、日本はずいぶんひどい前例を、屈服の前例を作ってしまったよ、というのではないでしょうか。

——ということで、いいですか。

長い間、どうもありがとう。(拍手)

あとがき

私は学校や大学の教師をしているわけではないから、若い人びとと接する機会が、意識的にならない限り、少ない。だから、予備校や大学での講演を依頼されると、久しぶりに若い人びとと話すことができると思って、こころが浮き立つ。講演だから、なかなか対話形式にするのは難しく、いつも一方的に話すことになるのだが、終わった後、予備校の場合は講師室に行列ができる。最近の若い人は、人前で質問することを避けるのだろうか、個人的に話したがる傾向にあるようだ。皆で話そうよ、と言って、円（サークル）をつくって、しばらく話し合う。すると、皆なが発言する。そんな時間が好きだ。

二〇〇九年の五月、河合塾の北九州校と福岡校で、二日連続でそのような時間をもつことができた。そのときの講義をもとにしてできあがったのが、この小さな本だ。若い人のなかでも深い関心を持つ人びとが多いチェ・ゲバラという革命家が、このグローバリゼーションの時代に生きていたとしたら、どう考えるだろう、というのが、与えられた課題であった。時代と空間を超えた、広い沃野へ身をおいて、歴史と世界を通観してみたいと願ったが、それはどこまで実現できただろうか。あのとき講義を聴講していた若い人たち、そして本書を読んでくださる方々の批判的な感想にお任せするしかない。

*

この「あとがき」を書いているのは、講演を行なってから一年半後のことだ。いくつか補足しておきたい。

一、豚インフルエンザについて

当時はあれほど騒がれた豚インフルエンザの報道も、急速に下火になった。流行と伝播が恐れていたほどのことではなくおさまることは、もちろん、わるいことではない。しかし、発生した事態の究明は徹底的に行なわれる必要がある。その意味で言えば、事態の根源へと向う調査と報道は、今回も欠けていた。情報化社会だというふれこみのある社会にあっても、目に見える形での言論弾圧は行なわれていない社会にあっても、政府や大企業の利害が関わる事件については「報道しない」という形での、恣意的な選択が日常茶飯に行なわれているという現実くらいは、頭に入れておきたいものだ。

二、民主党政権の発足について

この講義を終えた数ヵ月後の二〇〇九年九月、日本でも政権交代が行なわれた。一党が半世紀以上もの長いあいだ、変わることなく政権の座にあるというのは世界でも稀なことだった。期待というほどではなくても、なにか新風くらいは吹くか、と多くの人が思ったのではなかったか。新政権発足直後には、新風を感じるいくつかの発言や方針もあったが、その多くは具体化の目途すら立っていない。むしろ、日米軍事同盟の強化、沖縄への米軍基地の押しつけ継続など、自民党政権時代の政策と変わらぬ方向性が目立つばかりだ。この講義を通して考えたかったことは、歴史過程とそれぞれの時代の世界像をきちんと把握して、現在の指針にすることだった。私たちがそのための努力を不断に続けるならば、展開されている政治の、あまりの「貧しさ」を克服する契機を、いつか掴むこともできよう。

三、「冷戦構造」が続く東アジアの現在について

講義の中で、東アジアでは、世界全体から見て例外的なことに、冷戦構造がなお継続していると触れたが、二〇一〇年を通してそれはさらに悪化した。記憶に新しいことだから、事項として挙げるまでもないだろう。政治と軍事の世界では、事態は一向に改善されないが、映画・演劇・美術・音楽・文学などの領域では、東アジアでも相互交流が深まっている。旅行もそうだ。スポーツでも、どの国も勝利することに「国家的威信」を掛けがちだという点は嫌いだが、交流が盛んだ。対立と緊張と戦争に向けて準備するのではなく、和解と相互理解と平和のために努力する道は、どこにあるのか。そのヒントを、右の事実から得る政治家が生まれることを期待するのは、ないものねだりだろうか。政治家の思想・哲学の「貧しさ」は、彼／彼女が存在している社会全体の「貧しさ」の反映だ、と思えば、何が課題なのかということも見えてくる。

＊

どこを向いても、人類社会の行き詰まりを感じる。課題の大きさと、一人ひとりの個人の「無力」を誰もが痛感して、立ち尽くしてしまう。考えてみれば、いつの時代、どこの地域世界にもある、そんな「壁」を打ち壊そうとする歩みを行なう人びとがいたからこそ、微かな、ささやかなものであったとしても、人類社会の「前進」はあったのだ。

チェ・ゲバラにしても、若いうちに亡くなってしまったが、彼が考えていたこと／行なったことの「意味」を糧にしている人びとがいまなお大勢いる。こうして続けられてきた「精神のリレー」があってこその「現在」だと捉えるならば、人類史の過渡期を生きる私たち一人ひとりに、いかに小さなものではあっても果たすべき役割があることがわかる。

＊

河合塾でのこの講義が実現したのは、世界史講師・青木裕司さんはじめスタッフの方々のお陰だ。二日連続の講義をまとめて、このブックレットの原型をつくって下さったのは、河合文化教育研究所の加藤万里さんだ。解説を寄せてくださった廣瀬純さんは、パリで在外研究の最中という貴重な時間を割いてくださった。以前からお付き合いのある谷川晃一さんが装丁をしてくださることも、うれしい。すべての皆さんに感謝する。

（二〇一〇年十二月二十七日記す）

解説　出来事に時間を返し、民衆に出来事を返す

廣瀬　純

太田昌国は「語り手」というよりも「読み手」だ。優れた語り手は優れた読み手である――太田の仕事から私たちが学ばねばならないのは、何よりもまず、クリエイションについてのこの真理である。読むことなしには語りはない。

太田が読みの対象とする事象は政治的・社会的な出来事から映画や小説に至るまで多岐にわたる。しかし、どんな事象を前にしても、そこに「歴史」の厚みと「新しい人間」の萌芽とを同時に読み取るという彼の姿勢は一貫している。「読むこと」とはつねに、個々の事象のなかにそれが辿ってきた「歴史」とそれが胚胎する「新しい人間」とを読み取ることであり、それ以外のことではない――太田が私たちに教えてくれるのは「読むこと」についてのこの真理でもある。読むこととは一つひとつの事象をその「過去」とその「未来」へと分岐させることであり、またそれによって、「現在」という非時間

的な次元からそれぞれの事象を解放することなのだ。読むこととは個々の事象に時間を返すことに他ならない。

他方、六〇年代に彼が編集執筆に携わった雑誌『世界革命運動情報』(レボルト社)以来、太田の仕事はまた、日本語環境に暮らす私たちにとって、ラテンアメリカ、アジア、アフリカといった地域で起こる政治的・社会的な出来事についての貴重な情報源であり続けてきたというのも本当だ。本書もまた、そうした情報に溢れている。太田は日本語マスメディア(新聞、テレビなど)がなかなか報じようとしない地域の出来事を積極的に扱ってきた。しかしもちろんそこでも、一つひとつの出来事のなかに「歴史」の厚みと「新しい人間」の萌芽とを同時に読み取り、それぞれの出来事に時間を返すという彼の基本姿勢に何ら変わりはない。この意味では、実のところ、彼の語りがたんなる「情報」だったことは一度たりともない。太田の仕事は、マスメディアの残す空白をたんに埋めるだけのものでは些かもないのだ。

太田にとって「読むこと」が「時間を返すこと」と完全に同義なのは、おそらく、「民衆」と「国家」とを峻別し対置する彼の次のような考えに由来する——すなわち、出来事を時間のなかで生きるのはつねに民衆であり、国家は出来事を非時間的な「現在」においてしか生きることがないという考えだ。太田は自分の言論活動が「国家人」としてのそれでも「国民」としてのそれでもないということを様々な機会に繰り返し強調している。読むことを通じて個々の出来事に時間を返すというのは、国家の側に立たない太田にとって、出来事を時間のなかで生きる民衆にその出来事を返すということでもある。読むことは、出来事に時間を返し、民衆に出来事を返すことなのだ。

　ラテンアメリカ、アジア、アフリカでの太田の政治的・社会的な出来事を積極的に日本語環境のなかに紹介し導入していくという太田の言論活動にはまた、放っておけば極めて狭い世界のなかに閉じこもりそのなかで窒息しかねない日本語環境に外からのそよ風を絶えず送り込み続けるという別の重要な賭け金もある。その太田が二〇〇三年に『「拉致」異論——あふれ出る「日本人の物語」から離れて』（太田出版、〇八年に『「拉致」異論——日朝関係をどう考えるか』として河出書房新社により文庫化）を発表し、当時の日本語マスメディアを席巻していた所謂「拉致問題」に介入したときには、彼のそれまでの仕事を知る少なからぬ人々が多少なりとも驚いたに違いない。言論空間の閉塞に自ら加担しかねない、マスメディアの大ネタへのこうした介入は、太田自身にとっても多大なリスクを伴うものであったろうと想像される。そうしたリスクを冒しても「拉致問題」を論じる必要が太田にあったとすれば、理由はひとつしかない。彼はそこにもまた「歴史」の厚みと「新しい人間」の萌芽とを読む必要を見てとったのだ。「拉致問題」に時間を返す必要がある、またそれによって「拉致問題」を民衆に返す必要がある、そしてそれ以外にこの問題の解決はあり得ないと太田は確信していたのである。

『異論』刊行の六年後にいわばその続編として発表された蓮池透との共著『拉致対論』（太田出版、二〇〇九年、以下『対論』）で太田は次のように述べている。「二つの国が理解しあい、和解するためには、両国間に横たわる困難な課題を、歴史的に相対化しながら捉える視点が必要だと言いたいのです。拉致問題を絶対化し、この解決なくしては何事も進め得ないとする立場が、いかに観念的な考えであるかを言いたいのです。このことにいち早く気づき得るのは、植民地化や戦争や拉致の推進者としての〝国家〟の政治指導者ではなく、結局はいつもそれらの〝国家〟的事業＝〝国策〟なるものに翻弄される民衆同士であると私は思うのです。」

日朝関係を時間のなかで生きるのは民衆であって国家ではない。国家はそれを非時間的な「現在」において生きるに過ぎない。「過去」と「未来」への絶えざる分岐のなかでそれを生きる民衆に日朝関係を返さなければ、あるいは、民衆が日朝関係をおのれのもとに取り戻さなければ、両国間の理解も和解もあり得ず、したがって、拉致問題の解決もあり得ない——太田はそう言っているのだ。より精確には、民衆が民衆自身から日朝関係を取り戻す必要がある。なぜなら、少なくとも日本側では、民衆が国家に完全に同一化してしまっているからだ。太田は右の発言に続けて次のように述べる。「被害者同士〔朝鮮国家による日本人拉致被害者と日本国家による朝鮮人植民地化・強制連行・戦争被害者〕は国家の論理を超えた地点で結び合う必要がある。それを求めることばが、家族会〔北朝鮮による拉致被害者家族連絡会〕の方々から聞かれない。日本国家を絶対化して、そこに依拠して発言を続けておられる。その点が腑に落ちません。」つまり、民衆は「国家人」「国民」としてのおのれ自身から日朝関係を取り戻し、それを時間のなかで生き直さなければならないということだ。

　朝鮮国家による日本人被害者と日本国家による朝鮮人被害者とが「国家の論理を超えた地点で結び合う」とはいったいいかなることなのか。それは日朝関係をその「歴史」の厚みにおいて捉えるということであると同時に、日朝関係のなかに「新しい人間」の萌芽を見出すということでもある。両国の被害者同士、そしてまた、彼らを結晶核として両国の民衆同士が「国家の論理を超えた地点で結び合う」とき、日朝関係のただなかにその到来が告げられる「新しい人間」とはいったいいかなるものなのか。日本人被害者たちが朝鮮国家の責任を追及する傍らで、朝鮮人被害者たちが日本国家の責任を追及するというだけでは、たとえ両者間に「対話」のようなものが行われたにしても、太田の考える「結び合い」はなく、「新しい人間」もない。そうではなく、日本人被害者たちと朝鮮人被害者たちの双方がそれぞれ、拉致事件の責任を朝鮮国家に迫ると同時に植民地化・強制連行・戦争の責任を日本国家に迫らなければならないのだ。自分に直接的に関わる問題についてたたかうだけでなく、また、他人のたたかいを傍から支援するだけでもなく、自分と他人のふたつの問題について等しく同時にたたかうこと。他人のたたかいも自分のたたかいとしてたたかう人間。あるいはさらに、辺見庸を引いて太田が言うように「自分の悩めることだけに悩んでいる、自分が悲しめることだけに悲しんでいる」ことから「ちょっとはみ出して、悩めないことを悩んでみる、悲しめないことを悲しんでみる、その一歩踏み出す」人間（『対論』）。民衆が国家から――そして国家に同一化した自分自身から――日朝関係を取り返すとき、民衆はそうした「新しい人間」になる可能性に開かれるのである。

日朝関係に時間を返すとはそういうことだ。しかし、たとえ民衆が日朝関係を再び時間のなかで生き始めたとしても、それと並行して国家がこの同じ事象を非時間的な「現在」のなかで生き続けるということに変わりはないだろう。「新しい人間」の登場によって民衆／国家という新たな対立軸が産み出されても、その傍らに残り物のようにして国家／国家の対立軸は存続し、したがってまた、この従来の対立軸が戦争などといったかたちで民衆の命を危険にさらすリスクも存続することは避けられない。互いに結び合った両国の民衆がなすべきは、自分たちの生きる「時間」――すなわち「歴史」の厚みと「新しい人間」の萌芽――を「情報」に変換し、それとしては時間を生きることのけっしてないそれぞれの国家のただなかに、民衆／国家という新たな対立軸を通じて、注入し続けるということである。国家／国家のあいだに理解や和解があるとしても、二つの国家が「対等な立場で出会い」（本書）得るとしても、それは両者が時間を生き始めるからではけっしてなく、あくまでも、民衆の生きる時間が非時間的な「情報」あるいは「データ」に変換されて両国家に注入される限りにおいてのことなのだ。

民衆のオプティミズム、国家のペシミズムという点において太田の姿勢はいっさい揺らがない。だからこそ、太田は語り、読み、出来事に時間を返し、民衆に出来事を返し続けるのだ。

著者略歴

太田　昌国（おおた　まさくに）

1943年、北海道釧路市に生まれる。

1968年、東京外語大ロシア語科卒業。

現在・現代企画室編集顧問。学生時代にキューバ革命に関心を持ち、70年代前半にはメキシコやペルーで労働しながら現地の人々と一緒に生活する。その後70年代から現在に至るまで、南北問題・民族問題研究家として、ラテンアメリカの解放闘争やアメリカ型の新自由主義、朝鮮民主主義人民共和国による拉致問題などについて、反アメリカ・反植民地・反国家・反グローバリズムの視角から独自の発言を重ねる。ボリビアの映画集団ウカマウとの共同作業（自主上映・共同制作）は30年余におよぶ。

主な著書　『鏡としての異境』（影書房）、『鏡のなかの帝国』、『千の日と夜の記憶』、『＜異世界・同時代＞乱反射』、『「ペルー人質事件」解読のための21章』、『ゲバラを脱神話化する』、『日本ナショナリズム解体新書』、『「国家と戦争」異説』、『チェ・ゲバラ　プレイバック』（以上現代企画室）、『「拉致」異論』（初版は太田出版、現在は河出文庫）、『暴力批判論』、対談に『拉致対論』（以上太田出版）ほか多数。


新たなグローバリゼーションの時代を生きて

2011年３月15日　第１刷発行

著者　太 田 昌 国©
装幀　谷 川 晃 一
発行　河合文化教育研究所
〒464-8610　名古屋市千種区今池2-1-10
TEL　(052)735-1706㈹
発売　㈱ 河合出版
〒151-0053　東京都渋谷区代々木1-21-10
TEL　(03)5354-8241㈹
〒464-8610　名古屋市千種区今池2-1-10
TEL　(052)735-1575㈹
印刷 製本　㈱ あ る む

ISBN978-4-7772-0461-8

1 マザコン少年の末路
●女と男の未来（増補版）
上野千鶴子

「マザコン少年」という日本的現象の背後に横たわる母子密着の病理を通して、女の抑圧の構造を鮮やかに切り開く。本文の「自閉症」の記述についての抗議に対する新たな付論つき。（解説　青木和子）

680円

2 科学とのつき合い方
高木仁三郎

起こるべくして起きた史上最悪のチェルノブイリ原発事故。巨大化した現代科学の実態と危険性を証し、これにどう向き合うかを、科学者の良心と知恵をこめて語る。（解説　中島眞一郎）

400円

3 現代文学はどこで成立するか
北川　透

言葉のパフォーマンスによって近代文学の挫折をのりこえようとする現代詩。その可能性を、グリコ森永事件やコマーシャルコピーから展開した全く新しくユニークな文学論。（解説　山田伸吾）

400円

4 ディドロの〈現代性〉
中川久定

十八世紀ヨーロッパの近代的知の光の中で、その全領域に関わりながらも、周縁＝闇の復権をめざして早くも近代を超える新しい〈知〉を創出していったディドロの思想を考える。（解説　牧野　剛）

400円

5 境界線上のトマト
●『遠雷』はどこへ行くか
立松和平

「遠雷」「一寸法師」など、異空間異文化間の境界と交渉をモチーフとした物語の解読を通して、文化の活性地点としての境界線上から、日本社会の内なる解体の行方を問う。（解説　茅嶋洋一）

400円

（表示価格は本体のみの価格です）

11 人と人とのあいだの病理　木村　敏

分裂病、対人恐怖症等〈自己〉の保全に関わる危機の原因を自己と他者との〝あいだ〟に探るという独自の方法を通して、西洋近代の実体的自己に換わる全く新しい自己像を打ち出す。（解説　八木暉雄）

680円

12 幻の王朝から現代都市へ　●ハイ・イメージの横断　吉本隆明

著者近年のテーマであるハイイメージ論を駆使して古代史の謎を洗い直すとともに、自然史的発展を越えて進む現代都市の構造をも鋭く解析した、画期的にして壮大なイメージ論。（解説　鈴木　亙）

500円

13 ミミズと河童のよみがえり　●柳川堀割から水を考える　広松　伝

渇水、水道汚染、地盤沈下――現代の深刻な水危機の中、行政と住民一体の堀割再生という柳川の奇跡的な実践を通して、いまこそ水とつき合い水を生かすことの重要さを訴える。（解説　坂本紘二）

750円

14 映画からの解放　●小津安二郎「麦秋」を見る　蓮實重彦

映画の文法に亀裂と破綻を呼びこんでいった「小津映画」という事件を通して、共同体が容認する物語＝イメージの抑圧からいかなる解放が可能かをスリリングに解き明かす。（解説　石原　開）

680円

15 言葉・文化・無意識　丸山圭三郎

ソシュールの原典の徹底的読みと検証を通して実体論的言語学を根底から覆した著者が、言葉が主体を離れて自己増殖をとげる深層意識に光をあて、〈文化〉発生の磁場を探る。（解説　山本　啓）

680円

河合ブックレット

16 **近代をどうとらえるか** 三島憲一

マルクス、アドルノ、ハイデガー、リオタールなど、これまでの近代批判の諸類型の考察と再検討を通して、近代を越える独自の道を近代の力の中に模索した意欲的な脱近代論。（解説　高橋義人）

680円

17 **ファッションという装置** 鷲田清一

世界という意味＝現象の中から〈私〉という存在はどのように析出されその輪郭を際だたせていくか——身近なファッションから思いがけなく存在の謎に迫った刺激的なモード考。（解説　竹国友康）

750円

18 **小田実の英語50歩100歩**

●「自まえの英語」をどうつくるか

小田　実

美しい英語よりも「自まえの英語を」——さまざまな英語体験をもった著者が大胆かつ明快に語る英語学習の核心。「思考のふり巾を広げる」ことをめざしたユニークな外語教育論。（解説　古藤　晃）

505円

19 **古代史は変わる** 森　浩一

古代史研究に常に斬新なゆさぶりをかけ続ける著者が、河内というローカルな地点を切り口に、古代日本の謎に満ちた姿を縦横に語った古代史研究の面白さと意味を満載した本。（解説　井沢紀夫）

505円

20 **ペシャワールからの報告**

●現地医療現場で考える

中村　哲

アジアの辺境ペシャワールでらい治療に携わる医師が、異文化の中で生き学びながら、上げ底の海外援助を問うとともに、医療とは何か生きることとは何かを原点から問い直す。（解説　福元満治）

505円

21
半生の思想
最首悟

現実の矛盾とねじれをどこまでも生き抜く方法としての〝中途半端〟の思想を通して、大学闘争、水俣、科学、自己、と近代の軸に関わる問題に生活の深みから迫ったユニークな思想論。（解説　大門　卓）

505円

22
ヨーロッパ史をいかに学ぶか
阿部謹也

独自の西洋中世史研究で名高い著者が、自らの足許と異文化とを往還的に照らし出す作業を通して、ヨーロッパという異文化が投げかける意味と光を重層的に読み開いた魅力の書。（解説　柴山隆司）

750円

23
世界のなかの日本映画
山根貞男

映画を作る側と観る側の境界線上に身を置き、その独自の評論でどちらの側をも挑発してやまない著者が、映画を純粋に映画として観ることの輝きと豊かさを、愛をこめて語る。（解説　石原　開）

680円

24
世紀末世界をどう生きるか
●「新右翼」の立場から
鈴木邦男

日本的エートスにこだわりながら「言論の自由」を貫徹するという、民族主義・近代主義の両方を乗り越えた著者が、混迷の度を深める世紀末世界を若者を軸に明快に読み解く。（解説　牧野　剛）

680円

25
海から見た日本史像
●奥能登地域と時国家を中心として
網野善彦

「日本島国論」「稲作中心史観」の上に成立してきた従来の日本史像を、海によって栄えた奥能登・時国家への実証的研究と厳密な調査によって転換し、真の日本史像を構築する。（解説　外　信也）

680円

河合ブックレット

26 **なにが不自由で、どちらが自由か** ●ちがうことこそばんざい　牧口一二

「障害」を個性だと捉える著者が、松葉杖とじっくりつき合いながら、「障害者」であることの豊かさをバネに生きることの意味を根底から問い直した、心暖まる自己変革への招待状。（解説　趙　博）

680円

27 **〈市民的政治文化〉の時代へ** ●主権国家の終焉と「グローカリズム」　今井弘道

ポスト主権国家時代の社会を作る新しい「市民」とは何かを、現代の世界状況と官僚主義国家日本近代を貫いた民衆意識の鋭い分析を通して初めて正面から論じた鮮やかな市民論。（解説　角倉邦良）

825円

28 **歴史のなかの「戦後」**　栗原幸夫

戦後文学の意味の徹底吟味を通して日本社会の上げ底のいまを問うと同時に、過去と他者への二重の想像力を媒介に世界と〈私〉との生きた交通をめざした、新しい「戦後」論考。（解説　池田浩士）

680円

29 **からだ・こころ・生命**　木村　敏

西欧近代の実体的自己像を、独自の「あいだ」理論によって決定的に乗り越えた著者が、自己と環境の相即・境界に光をあて、前人未踏の「こと」としての生命論を展開する。（解説　野家啓一）

750円

30 **アジアと出会うこと**　加々美光行

自らの内なるアジアを手がかりに中国・アジアの人々の希望と痛みを共有し、非西欧世界近代の意味を改めて問い直すことを通して、飢餓と戦争を越える新しい世界への道を探る。（解説　江藤俊一）

750円

31
2001年地球の旅《グレートジャーニー》
関野吉晴

南米最南端からユーラシア大陸を経てアフリカの人類発祥の地へと、化石燃料を使わずに人力のみで遡行したグレートジャーニー。現代文明を撃つその壮大な旅の中間報告。（解説　牧野　剛）

750円

32
歴史のなかの文学・芸術
●参加の文化としてのファシズムを考える

池田浩士

未曾有の暴力と殺戮を展開した20世紀ファシズム。その淵源は民衆の参加にある――現代大衆社会の文学・芸術を鋭く読み直し、〈近代〉の正嫡としてのファシズムの意味を問い直す。（解説　栗原幸夫）

750円

33
9・11以後　丸山真男をどう読むか
菅　孝行

西欧近代の暴力がむき出しにされた9・11以後の新たな世界状況の中で、丸山の可能性と限界を的確に再吟味しながら、彼の現代的・実践的意味を鋭く突き出した画期的な丸山論。（解説　太田昌国）

750円

34
戦後日本から現代中国へ
●中国史研究は世界の未来を語り得るか

谷川道雄

中国史を貫く官民二元構造を軸に、「党」と市場が並存する現代中国の構造的矛盾に光を当て、自らの個人史と戦後史そして中国史研究の往還的吟味の中で、中国の行方を鋭く問う。（解説　山田伸吾）

750円

35
アートを通した言語表現
●美術と言葉と私の関係

宮迫千鶴

類まれな画家にしてエッセイストだった宮迫千鶴が、自由を求めて学校と闘った異端の少女の自立の過程を柔らかな言葉で語った感動の自伝的エッセイ。彼女の魅力の原点に迫る。（解説　谷川晃一）

750円